モノリンガルとバイリンガルが
混在する地域における説得研究

シリーズ 言語学と言語教育

第27巻 接触場面における三者会話の研究‥‥‥‥‥‥‥‥‥‥‥‥‥大場美和子 著

第28巻 現代日本語のとりたて助詞と習得‥‥‥‥‥‥‥‥‥‥‥‥‥中西久実子 著

第29巻 学習者の自律をめざす協働学習―中学校英語授業における実践と分析
‥‥‥‥‥‥‥‥‥‥‥‥‥‥‥‥‥‥‥‥‥‥‥‥‥‥‥‥津田ひろみ 著

第30巻 日本語教育の新しい地平を開く―牧野成一教授退官記念論集
‥‥‥‥‥‥‥‥‥‥‥‥筒井通雄, 鎌田修, ウェスリー・M・ヤコブセン 編

第31巻 国際英語としての「日本英語」のコーパス研究―日本の英語教育の目標
‥‥‥‥‥‥‥‥‥‥‥‥‥‥‥‥‥‥‥‥‥‥‥‥‥‥‥‥藤原康弘 著

第32巻 比喩の理解‥‥‥‥‥‥‥‥‥‥‥‥‥‥‥‥‥‥‥‥‥‥‥東眞須美 著

第33巻 日本語並列表現の体系‥‥‥‥‥‥‥‥‥‥‥‥‥‥‥‥‥‥中俣尚己 著

第34巻 日本の英語教育における文学教材の可能性‥‥‥‥‥‥‥‥‥‥髙橋和子 著

第35巻 日・英語談話スタイルの対照研究―英語コミュニケーション教育への応用
‥‥‥‥‥‥津田早苗, 村田泰美, 大谷麻美, 岩田祐子, 重光由加, 大塚容子 著

第36巻 日本語教育における「のだ」の研究‥‥‥‥‥‥‥‥‥‥‥‥‥戴宝玉 著

第37巻 初級韓国語学習者の学習態度の変容に関する研究‥‥‥‥‥‥‥齊藤良子 著

第38巻 文学教材を用いた英語授業の事例研究‥‥‥‥‥‥‥‥‥‥‥‥久世恭子 著

第39巻 日本語教育におけるメタ言語表現の研究‥‥‥‥‥‥‥‥‥‥‥李婷 著

第40巻 日本語教育の新しい地図―専門知識を書き換える
‥‥‥‥‥‥‥‥‥‥‥‥‥‥‥青木直子, バーデルスキー・マシュー 編

第41巻 漫画に見られる話しことばの研究―日本語教育への可能性‥‥‥‥福池秋水 著

第42巻 外国語としての日本語の実証的習得研究‥‥‥‥‥‥‥‥‥‥‥玉岡賀津雄 編

第43巻 日本語学習者による多義語コロケーションの習得‥‥‥‥‥‥‥大神智春 著

第44巻 移住労働者の日本語習得は進むのか
　　　　―茨城県大洗町のインドネシア人コミュニティにおける調査から‥‥‥吹原豊 著

第45巻 日本語学習から見た〈機能語〉の類の研究
　　　　―日本語能力試験1級‘〈機能語〉の類’の分類に基づいて‥‥‥松原幸子 著

第46巻 作文教育の日中対照研究‥‥‥‥‥‥‥‥‥‥‥‥‥‥‥‥‥前川孝子 著

第47巻 外国人日本研究者の古典日本語の学習支援‥‥‥‥‥‥‥‥‥‥山口真紀 著

第48巻 モノリンガルとバイリンガルが混在する地域における説得研究
　　　　―キルギス語とロシア語の文章に基づく言語使用の実際‥‥‥‥西條結人 著

シリーズ 言語学と言語教育 48

モノリンガルと
バイリンガルが混在する
地域における説得研究

キルギス語とロシア語の文章に基づく
言語使用の実際

西條結人 著

ひつじ書房

目次

第1章　問題の所在と研究目的　　1

1.　問題の所在と研究目的　　1
2.　本書の構成　　5

第2章　先行研究の検討と本研究における研究課題　　9

1.　モノリンガルとバイリンガルが混在する1つの地域社会における
言語使用に関する研究　　9
2.　キルギスにおける教育と言語の関わりに関する研究　　12
3.　説得を目的とした文章の種類　　14
4.　説得を目的とした文章の比較研究　　15
4.1　「文章構造」に基づく比較研究　　15
4.2　「説得的アピール」に基づく比較研究　　16
5.　先行研究に残された課題と本研究の研究課題　　19

第3章　調査の方法と分析の枠組み　　23

1.　言語選択と使用に関する予備調査　　23
2.　意見文調査の概要　　27
3.　分析の枠組み　　31
3.1　事実と意見の配置に基づく文章構造　　31
3.2　エートスと議論の型　　32

第4章　事実と意見の配置に基づく文章構造　　37

1.　分析方法　　37
2.　分析結果　　41
2.1　キルギス語モノリンガルの事実と意見の配置に基づく文章構造　　43
2.2　ロシア語モノリンガルの事実と意見の配置に基づく文章構造　　47

v

2.3	キルギス語・ロシア語バイリンガル（キルギス語優位）の事実と意見の配置に基づく文章構造	51
2.4	キルギス語・ロシア語バイリンガル（ロシア語優位）の事実と意見の配置に基づく文章構造	55
3.	考察	58

第5章　エートスと議論の型 　63

1.	分析方法	63
2.	分析結果	64
2.1	キルギス語モノリンガルのエートスと議論の型	64
2.2	ロシア語モノリンガルのエートスと議論の型	69
2.3	キルギス語・ロシア語バイリンガル（キルギス語優位）のエートスと議論の型	73
2.4	キルギス語・ロシア語バイリンガル（ロシア語優位）のエートスと議論の型	77
3.	考察	83

第6章　総合的考察―言語政策と言語使用の観点から― 　89

| **1.** | 言語政策と説得のストラテジーの関わり | 89 |
| **2.** | 言語使用と説得のストラテジーの関わり | 93 |

第7章　本研究のまとめと今後の展望 　97

1.	本研究のまとめ	97
2.	日本語教育への示唆	100
3.	今後の課題	102

参考文献	105
資料1　言語選択・使用に関する予備調査　質問項目一覧	111
資料2　「意見文【課題】【課題文】」日本語版、キルギス語、ロシア語翻訳版	113
資料3　キルギス語モノリンガル（KK）意見文データサンプル10編	115
資料4　ロシア語モノリンガル（RR）意見文データサンプル10編	131

資料5　キルギス語・ロシア語バイリンガル（キルギス語優位）（KRK）
　　　　意見文データサンプル10編　　　　　　　　　　　　　　147
資料6　キルギス語・ロシア語バイリンガル（ロシア語優位）（KRR）
　　　　意見文データサンプル10編　　　　　　　　　　　　　　163

あとがき　　　　　　　　　　　　　　　　　　　　　　　　　181

索引　　　　　　　　　　　　　　　　　　　　　　　　　　　185

第 1 章　問題の所在と研究目的

　本研究は、1つの地域社会を背景とするキルギス語・ロシア語モノリンガルとバイリンガルの文章における説得のストラテジーの特徴を明らかにするものである。
　本章では、1節で問題の所在と研究目的を、2節で本書の構成を述べる。

1. 問題の所在と研究目的

　「説得」とは、送り手が、主に言語的コミュニケーションを用いて非強制的なコンテキストの中で、納得させながら受け手の態度や行動を自らが意図する方向に変化させようとする（深田 2002）行為である。説得の言語行為は、送り手が望ましいとする方向に受け手の行動や態度の変容を促すという点で、他者に立ち入られたくない、邪魔されたくない欲求であるネガティブ・フェイス（Brown and Levinson 1987）を侵害する恐れがあり、異文化間コミュニケーションにおいては特に慎重に行われる必要がある行為であると言えよう。現代の社会においても、グローバル化が進展し、多様な言語、文化が共生する多文化共生社会になり、特定の言語を媒介語として、その言語の学習者と母語話者間だけではなく、学習者と学習者間でのコミュニケーション場面により多く接することが考えられる。そのため、それぞれの言語における説得の言語行為を明らかにすることで、多様な言語、文化が混在する社会において多文化共生の可能性を探る基礎となることが考えられる。また、多文化共生社会

での説得の言語行為とは何かを考える検討することは、母語、文化的価値観が異なる人々にも説得力のある説得の言語行為とは何かを明らかにすることにつながり、多文化共生の実現に向けて重要な要素である。

「説得」は、話し言葉、書き言葉の両方によって行われるが、書き言葉は、音楽的、抑揚的、表情的などといった自己のあらゆる音声的側面を欠いた言葉であり、思想、表象の中の言葉である（ヴィゴツキー 2001）。また、書き言葉は、読み手のいない所での言語行為であり、想定している読み手を書き手は頭の中で想像し、読み手の反応を考えなければならない（ルリヤ 2020）。書き手と読み手が異なる空間、時間にいるため、書き手の見えないところでフェイス侵害行為が起こる可能性も考えられる。また、文章は、読まれることを目的として書かれた、多数の文からなる、まとまった内容を持つ文字列であり（石黒 2017）、文章における説得が必要な場面では、互いにどのようなスタイルを用いて、文章を書くのかを理解することが異言語・異文化間コミュニケーションにおける相互理解にとって重要である。

我々は母語によって固有の論理構造を有しており（Kaplan 1966）、異なる社会文化的背景を持つ国や地域間だけではなく、1つの社会の中で複数の言語や文化的価値観が共有されている社会においても、どの言語を母語とするかによって好まれる論理構造が異なることが推測される。1つの地域社会における多言語使用をめぐっては、1つの社会の中で民族と言語、文化が複雑に影響し合っていることが報告されている（トラッドギル 1975）。このような社会文化下では、社会の中で二言語以上が使用されており、モノリンガルとバイリンガルが混在する等の複雑な言語状況を有していると考えられる。これまでの研究で、評価者の文章構成に関する観点が評価に影響し、評価者の母語や文化的価値観から外れた文章を低く評価することも指摘されており（Hinds 1983; 長谷川・堤 2012; 近藤 2017）、書き手と読み手の母語、文化的価値観の差異が文章の論理性や説得性に影響を及ぼす可能性が示唆されている。

グロジャン（2015）によれば、バイリンガルには二言語またはそれ以上の言語が共存し、それらが相互に作用し、分解できないような言語の一体性を形成しているという。つまり、バイリンガル独自の言語体系があり、バイリンガルの有する体系は、モノリンガルの体系とは異なると考えられる。1つの

社会で、複数の言語や文化的価値観が共有される社会下においては、モノリンガルとバイリンガルが混在し、異なる言語体系を有しているモノリンガルとバイリンガル間でのコミュニケーションが日常的に行われている。モノリンガルとバイリンガルが有する言語体系が異なるとすれば、実際の文章におけるモノリンガルとバイリンガルの言語使用の実態と、二言語間のどちらの言語がどのような優位性を持って出現するのかを明らかにする必要がある。

モノリンガルとバイリンガルが混在する1つの地域社会における人々の言語使用と社会には密接な関わりがあり、話者間の言語使用をめぐる価値観は異なっている（トラッドギル1975）。特に旧ソ連諸国では、1つの社会において、基幹民族言語とロシア語への価値観が、ソ連時代とは変化しており、社会的な問題になりうる、もしくはすでに顕在化している可能性がある（堀口2018; 柳田2020）。文章における説得に関する研究はモノリンガルに関する研究が行われており、言語ごとに固有の構造を有していることが報告されているが、2言語以上の言語能力を有するバイリンガルの説得の構造については明らかにされていない。

本研究では、そのような旧ソ連国家のモノリンガルとバイリンガルが混在する例としてキルギス共和国（以下、キルギス¹）を取り上げる。キルギスは中央アジアに位置する旧ソ連の国家で、言語は国家語をキルギス語、公用語をロシア語とし、90以上の民族が暮らす多言語多民族国家である（Orusbaev et al. 2008）。言語類型論の観点から見れば、キルギス語は「チュルク諸語」、ロシア語は「印欧語族—スラブ語派」に属する言語であり、言語体系が異なるものである。キルギス社会は、キルギス語とロシア語が法的な位置づけを持つダイグロシアであり、キルギス語とロシア語のモノリンガルとバイリンガルが共存している。キルギス語とロシア語の二言語の関係性が法的に明確であること、これら二言語が学校教育では主な教授言語になっており、教育と言語使用の関連が考えられることから、本研究ではキルギスを取り上げる。

堀口（2018）は、旧ソ連諸国では、同じ1つの社会内において、基幹民族言語とロシア語に対する価値観が異なることを指摘している。キルギスの言語状況については、異なる言語を母語とする2つ以上の集団が社会的に接触する状況である「言語接触」（柳沢・石井1998）であり、他の旧ソ連諸国同様にコ

ミュニケーション上の問題になっていると考えられる。モノリンガルとバイリンガルが混在する地域における人々の間で言語使用と社会には密接な関わりがあること、言語使用をめぐる価値観は異なっており、特に旧ソ連諸国では基幹民族言語とロシア語への価値観は社会的な問題となる可能性がある。

　そこで、本研究ではモノリンガルとバイリンガルが混在する地域の例として、キルギス語とロシア語の二言語を主な言語背景とするキルギスにおいて、キルギス語・ロシア語バイリンガルによる文章における説得のストラテジーを明らかにすることを目的とする。1つの社会の中で様々な言語や文化を背景とする人々の間で、言語、民族、文化的価値観が異なれば、説得のストラテジーも異なる可能性がある。全ての人々が基幹民族言語、もしくはロシア語のどちらかを選択し使用している話者だけではなく、それらの言語を併用しているバイリンガルにも着目することで、1つの社会全体における言語使用の実態を明らかにすることができると考えられる。

　次に、本研究の研究対象であるキルギス語とロシア語のモノリンガルとバイリンガルの説得のストラテジーに対し、具体的にどのようなアプローチをとるかについて述べる。本研究の「説得のストラテジー」は2つの観点から成る。第一は、説得を目的とした文章において、書き手の主観と客観をどのように配置しているかという「事実と意見の配置に基づく文章構造」である。第二に、書き手がどのような発想を用いて読み手の説得を試みているかを同定する「エートスと議論の型」である。本研究における用語と定義を表1に示す。

　「説得のストラテジー」のうち、「事実と意見の配置に基づく文章構造」については、樺島（1983）を参考に、「文章をある意図によって書かれたまとまった言語作品と捉え、導入・本論・結びの段落における文単位の文章構成要素、特に、事実と意見の配置を指標として解析する仕組み」と捉える。「エートスと議論の型」については、柳澤（1993）のエートスの定義、Weaver（1970）のトポス論を参考に「文章の説得性に関する特徴を、書き手自らが作り出す説得手段として書き手自身の性格を描く方法（エートス）と、そのエートスに関して、書き手が、主体性の強弱や、状況への依存度の度合い、対象への本質の迫り方を観点として、どのような立論形式（議論の型）を好んで用いてい

表1 本研究における用語の関係と定義

	用語	定義
説得のストラテジー	事実と意見の配置に基づく文章構造	文章をある意図によって書かれたまとまった言語作品と捉え、導入・本論・結びの段落における文単位の文章構成要素、特に、事実と意見の配置を指標として解析する仕組み
	エートスと議論の型	文章の説得性に関する特徴を、書き手自らが作り出す説得手段として書き手自身の性格を描く方法（エートス）と、そのエートスに関して、書き手が、主体性の強弱や、状況への依存度の度合い、対象への本質の迫り方を観点として、どのような立論形式（議論の型）を好んで用いているかを指標として解析する仕組み

るかを指標として解析する仕組み」と定義する。

　なお、本研究においては、読み手がどのような印象を持ち、評価を下すのかについては対象に含めず、書き手がどのように文章に説得力を持たせようとしているのかについて考察する。

2. 本書の構成

　本書は全7章で構成される。

　第1章では、本書における問題の所在と研究目的について述べる。第2章では、モノリンガルとバイリンガルが混在する地域を背景とするバイリンガルの説得のストラテジーに関する先行研究を概観し、先行研究で明らかになっている点を整理するとともに、本研究における研究課題を提示する。本研究に関連する先行研究として、まず「モノリンガルとバイリンガルが混在する1つの地域社会における言語使用」及び「キルギスの言語と教育の関わり」を扱う。これにより、キルギスとキルギス以外の国・地域における多言語使用の特徴を明らかにするとともに、キルギスにおけるキルギス語、ロシア語のモノリンガルとバイリンガルの言語使用と教育との関連性について整理する。さらに「説得のストラテジー」に関する研究を、「説得のストラテジー」を構成する2つの観点である「事実と意見の配置に基づく文章構造」と「エートスと議論の型」から検討する。それらの観点から先行研究のまとめを行

うとともに、先行研究に残された課題について述べる。

　第3章では、キルギス語モノリンガル、ロシア語モノリンガル、キルギス語・ロシア語バイリンガル（キルギス語優位）、キルギス語・ロシア語バイリンガル（ロシア語優位）の4群に対する言語選択と言語使用に関する予備調査の報告及び意見文調査の概要について述べる。

　第4章では、文章における「説得のストラテジー」について「事実と意見の配置に基づく文章構造」の観点から分析し、書き手がどのように主観と客観を書き分け、配置し、読み手を説得しようとしているのかについて分析する。

　第5章では、「説得のストラテジー」について、書き手が自身の信頼性に関わる説得的アピールである「エートス」をどのように構想しているか、そしてその「エートス」をどのような「議論の型」を用いて立論しているかという「エートスと議論の型」の観点から分析する。

　第6章では、本研究で得られた知見にもとづいて言語政策と実際の言語使用の観点から総合的考察を行い、第7章で本研究のまとめと今後の課題について述べる。

　本書の構成を図1に示す。

```
《第1章》
本研究の目的と方法を提示する。
```

```
《第2章》
先行研究の分析を行い、先行研究に残された課題を明らかにし、
本研究での研究課題を抽出する。
```

```
《第3章》
研究課題を達成するための意見文調査を構築し、実施する。
また、本研究でのデータ分析の枠組みを設定する。
```

《第4章》	《第5章》
モノリンガル（キルギス語、ロシア語）、キルギス語・ロシア語バイリンガル（キルギス語優位、ロシア語優位）の4群を対象に「事実と意見の配置に基づく文章構造」の観点から分析を行う。	モノリンガル（キルギス語、ロシア語）、キルギス語・ロシア語バイリンガル（キルギス語優位、ロシア語優位）の4群を対象に「エートスと議論の型」の関わりの観点から分析を行う。

```
《第6章》
第4章、第5章で得られた結果を基に「言語政策」と「言語使用」の2つの観点から
説得のストラテジーに関する総合的考察を行う。
```

```
《第7章》
本研究の結論を述べ、日本語教育への示唆、今後の課題を提示する。
```

図1　本書の構成

[注]

1── 「キルギス」の日本語表記をめぐっては、中央アジア研究者の間で原語（кыргыз (kïrgïz)）の発音に近い「クルグズ」や「クルグズスタン」と表記されることもあるが、本研究では日本国外務省等で用いられている表記に倣い、「キルギス」と表記する。

第 **2** 章　先行研究の検討と本研究における研究課題

　本章では、1節でモノリンガルとバイリンガルが混在する1つの地域社会における言語使用に関する研究について述べ、2節では、キルギスにおける教育と言語の関わりに関する研究について述べる。3節では、説得を目的とした文章の種類について述べる。4節では、説得を目的とした文章の比較研究を「文章構造」と「説得的アピール」の2つの観点から先行研究を概観し、分析する。5節では先行研究に残された課題について述べ、本研究における研究課題を提示する。

1. モノリンガルとバイリンガルが混在する1つの地域社会における言語使用に関する研究

　Appel and Muysken（2005）によれば、多言語使用は、ある社会において二言語以上が使用される「社会的バイリンガリズム（Societal bilingualism）」と、一人の個人が二言語以上を併用するバイリンガルである「個人的バイリンガリズム（Individual bilingualism）」に分類される。バイリンガリズムには様々な形態があり、「全ての人がバイリンガルである場合」や「1つの集団はモノリンガルで、もう一方の集団はバイリンガルである場合」等がある（Appel and Muysken 2005）。本研究では、モノリンガルとバイリンガルが混在している1つの多言語社会における「個人的バイリンガリズム」の言語使用に着目する。

　トラッドギル（1975）は、ルクセンブルグ（ドイツ語、フランス語、ルクセンブル

ク語）、パラグアイ（スペイン語、グアラニー語）、ウガンダ（アラビア語、ルガンダ語、スワヒリ語、英語等）のモノリンガルとバイリンガルが混在する地域を背景とする多言語使用、特に言語の切り替えについて、社会的な場面や、実際の言語情報以外の意図や微妙なニュアンスの違いを表すためにも言語の切り替えが行われると述べている。また、トラッドギル（1975）は、世界全体として見たときに、多言語社会は例外ではなく、むしろ普通のことであるとし、1つの社会の中で様々な言語や文化を背景とする人々が生活しており、1つの社会の中で民族と言語、文化が複雑に影響し合っていると述べている。

　1つの社会において基幹民族言語とロシア語がリンガフランカとなっているキルギスと同じく、旧ソ連諸国社会における言語使用に関する研究として、臼山（2010）、堀口（2018）がある。臼山（2010）は、タジキスタンのドゥシャンベ市における大学生に対し、言語意識に関するアンケート調査を実施し、ソ連時代からタジキスタン独立以後のタジク語とロシア語の言語意識の変化を分析している。臼山（2010）によれば、ソ連時代のタジキスタンの言語状況は、上位言語にロシア語、中位言語にタジク語、下位言語としてその他のタジキスタン国内の少数派言語であったのに対し、タジキスタン独立以降はその言語秩序が解体され、上位言語にタジク語、準上位言語にロシア語、中位言語に英語等といった秩序に変化しているという。臼山（2010）からわかるように、旧ソ連諸国において、ソビエト時代と独立以降では、基幹民族言語とロシア語の地位の入れ替わりが起こっている。ロシア語の社会的な実用性は依然として高いものの、基幹民族言語の地位も向上しており、人々の言語意識にも影響を及ぼしていると考えられる。

　堀口（2018）は、旧ソ連のリトアニア、エストニア、ラトビアのロシア語系住民の言語状況についてインタビュー調査を行い、基幹民族言語である国家語とロシア語系住民のアイデンティティについて分析している。堀口（2018）は、言語と社会を国家と結びつけ、モノリンガルとバイリンガルが混在する地域において、基幹民族言語モノリンガル、ロシア語モノリンガル、基幹民族言語とロシア語のバイリンガルの間で言語（基幹民族言語、ロシア語）や社会に対する価値観が異なり、アイデンティティにも影響を及ぼしていることを示唆している。また、旧ソ連のモノリンガルとバイリンガルが混在する地域に

おいては、民族間で基幹民族言語やロシア語に対する価値観が異なることによって言語使用に影響を及ぼすことが明らかになっている（堀口 2018）。

　キルギスにおける言語使用について法的な位置づけから考えると、国家語のキルギス語と公用語のロシア語のダイグロシアであり、キルギス語とロシア語の複数のリンガフランカ（民族間交流言語）が存在している。渋谷（2007）は、1990 年から 1995 年にロシア科学アカデミーロシア語研究所が実施した調査をもとに、キルギス人の間では日常生活および社会生活においてキルギス語のみで用件を済ませているのは少数であり、多くのキルギス人がロシア語とのバイリンガルで、かつ実生活において相当程度発達していると述べている。これは、キルギス人同士の日常生活場面での会話においても、主としてロシア語が使用されていることを示唆している。

　堀口（2018）での 1 つの社会における言語話者や民族ごとの言語に対する価値観の異なりはキルギスにおいても見られる。小田桐（2015）は、キルギス語が民族アイデンティティの核であることを明らかにし、キルギス語能力を十分に持たないキルギス人が批判されていること、コードスイッチングによるキルギス語とロシア語の二言語併用に対する人々の価値観に差異があることを指摘している。Landau and Kellner-Heinkele（2001）によれば、1991 年から 1999 年までの期間で国家語（基幹民族言語）の推進において、成果が少ない国の 1 例としてキルギスが挙げられる。また、Huskey（1995）は、キルギス語がソ連の基幹民族言語の中でも「脆弱」であると述べており、その理由としてキルギス人が言語発展の中心となっていた都市部ではなく地方に居住していた「人口学的要因」と、キルギス語の文章語としての歴史が浅い「言語学的要因」の 2 点を指摘している。

　塩川（2004）は、キルギスが属する中央アジア諸国は、文章語の伝統が弱く、高等教育で民族言語が使われる度合いが低いこと、ソビエト時代のロシア人の中央アジアの民族語習得比率が低いことを挙げ、「ソ連の連邦構造における国家的地位の違い」「言語及び文化の系統（ロシアとの近接性）」「文章語の大衆的普及と学術研究の有無」「都市と農村の民族比率差異」「各地域のロシア人比率」「ディアスポラの使用言語のロシア語移行」がそれらの要因であると指摘している。小田桐（2015）においても、聞き取り調査の回答者の中には、ロ

シア語を混合すること無しにはキルギス語で何も話せなくなってしまうという回答者がいることからも、キルギス社会ではロシア語の影響が強く、文章においてもキルギス語が劣位、ロシア語が優位である社会であることが窺える。

　これらの研究からもモノリンガルとバイリンガルが混在する地域における言語使用と社会には密接な関わりがあることがわかる。言語使用をめぐる価値観に関して、旧ソ連諸国では基幹民族言語とロシア語への価値観が、ソ連時代からは変化しており、社会的な問題が生じる可能性がある。

2. キルギスにおける教育と言語の関わりに関する研究

　キルギス社会では、教授言語別に行われている学校教育が、学校教育終了後の言語使用と言語コミュニティに密接に関係することが指摘されているため（Korth 2005）、本節ではキルギスの教育と言語の関わりについて整理する。

　キルギスの言語事情と教育に関しては、学校教育と言語事情に関する報告（Landau and Kellner-Heinkele 2001; Natsional'nyi statisticheskii komitet Kyrgyzskoi Respubliki（以下、Natsstatkom KR[1]）2018）、言語意識と教育に関する研究（Korth 2005）、キルギスの言語状況を「共生」という観点から分析した研究（小田桐 2009）、大学における言語選択と使用に関する研究（西條 2019a）等が挙げられる。

　Landau and Kellner-Heinkele（2001）では、キルギスの学校ではキルギス系、ウズベク系を除く他の民族は、所属民族の言語ではなく、ロシア語を使用していることが明らかになっている。すなわち、キルギス系、ウズベク系を除く民族については自らの民族言語よりもロシア語を同じ民族間の交流言語として用いているということである。キルギス共和国統計委員会が5年に1度発行している『キルギス共和国における教育と科学』（Natsstatkom KR 2018）によれば、2017-18年度のキルギス国内の初等中等教育機関について、キルギス国内の初等中等教育学校2262校のうち、キルギス語教授学校1427校、ロシア語教授学校226校、キルギス語・ロシア語二言語併用教授学校409校で、全体の学校数の約91%を占めている。キルギス国内全体の教授言語別の在籍

児童生徒数を見ると、児童生徒 122 万 2661 人のうち、キルギス語教授学校が 51 万 9716 人、ロシア語教授学校 16 万 2698 人、キルギス語・ロシア語二言語併用教授学校 38 万 2549 人となっており、全児童生徒数の 87.1% がキルギス語、ロシア語のいずれか、もしくはその二言語併用で学校教育を受けていることがわかる。高等専門教育機関については、2017-18 年度のキルギス国内の高等専門教育機関に所属する全学生数 16 万 2406 人のうち、ロシア語を教授言語とする学生が 10 万 8403 人 (66.7%)、キルギス語を教授言語とする学生が 4 万 160 人 (24.7%) と報告されている (Natsstatkom KR 2018)。これらのことからキルギス国内の児童生徒、学生の多くがキルギス語もしくはロシア語、または二言語を併用する形で教育を受けている。小田桐 (2009) は、塩川 (1999) のソ連時代の民族言語教授学校とロシア語教授学校に対する人々の意識や、Landau and Kellner-Heinkele (2001) や Korth (2005) を援用し、キルギス語教授学校の増加は、法令によってロシア語教授学校をキルギス語教授学校に換えただけで、教師の質や教科書の供給、質に問題があること、ロシア語の通用範囲の広さから教授言語学校の選択に影響を及ぼしていることを指摘している。また、教育の側面から見たキルギス語が国家語としての地位を有していながらも、少数派言語と共通する側面も有すると述べている。

　先行研究 (Huskey 1995; 塩川 1999; Landau and Kellner-Heinekele 2001; 小田桐 2009) において、文章語としてのキルギス語の脆弱性、キルギス語教育における質の問題が指摘されている。しかしながら、これらの先行研究以降でのキルギス語教育に関連する教育政策に着目すると、2014 年の初等中等教育における国家教育スタンダードの制定[2]や、第一言語、第二言語としての「キルギス語」科目スタンダード (Kirgïz Respublikasïnïn Bilim berüü jana ilim ministrligi 2018 等) が示されることによって、学年ごとの教育目標や「キルギス語」の教育内容がより具体化している。学習教材についても「2020-21 年度教育科学省推薦教科書一覧」(Ministerstvo obrazovaniia i nauki Kyrgyzskoi Respubliki (以下、Minobrnauki KR) 2020) を参照すると、キルギス国内でキルギス語教科書が開発され、出版されていることが確認できる。これらのことから、キルギス語教育の教育内容と教育方法の充実、教育環境の改善によって、先行研究が行われている当時と第一言語教育、第二言語教育におけるキルギス語の文章語教育が変化しているこ

とも考えられる。

Korth（2005）は、キルギス語教授学校とロシア語教授学校の教授言語と居住地によって「キルギス語モノリンガル」「ロシア語モノリンガル」「キルギス語・ロシア語バイリンガル」の3つに大別でき、都市部と地方で言語の習熟度に差が生じていることを明らかにしている。キルギスの首都ビシケクの大学生を対象にした言語状況調査では、キルギス語教授学校出身学生は思考する言語としてキルギス語を使用し、ロシア語教授学校出身学生は授業中のメモやノートテイキングでロシア語の使用が顕著に見られ、大学内での使用言語がロシア語のみで成立していることが示唆されている（西條 2019a）。

したがって、「キルギス語・ロシア語バイリンガル」については、バイリンガルを2群に分け、書く場面においてキルギス語とロシア語の2言語のうち、書き手にとってどちらが優位な言語かを事前に確認し、調査を行う必要がある。また、データ分析に際して、キルギス語・ロシア語バイリンガルをキルギス語優位、ロシア語優位の2群に分けておくことは、それぞれの言語的な優位性を検証するためにも必要であると考えられる。

3. 説得を目的とした文章の種類

説得を目的とした文章については、主に対照修辞学（Contrastive Rhetoric）の分野で数多く研究が行われている。Kaplan（1966）は、言語固有の文章構造に焦点を当て、外国人英語学習者の英語作文を分析し、学習者の母語の文章構造が学習言語に影響を与えると主張している。Kaplan（1966）はアメリカの英語学習者に英語で作文を書かせ、学習者の母語に合わせて、世界の言語の論理構造を English、Semitic、Oriental、Romance、Russian の5つのタイプに分類している。Kaplan（1966）によれば、日本語が属している東洋系言語は間接的で、外側かららせん状に渦を巻いて結論へ導くスタイルであるという。神内（1999）や Connor（1996）のように Kaplan（1966）の指摘に批判的な意見もあるが、日本の対照修辞学に関する文化間の差異は、英語教育分野を中心に検討されてきた（木下 1990; 西原 1990; 入部 1998）。外国語教育と同様に、Kaplan（1966）のような「文章の型」を教育の現場で学習者に提示することは、国語教育に

おいても、有用であるという指摘も多く行われている (相馬 2005; 清道 2010)。

　文章の分類には、コトバの機能による分類 (阪倉 1963) や、機能・内容・形式による分類 (永野 1968)、文章の内容と形態に着目した分類 (金岡 1968)、表現の相手・目的別の分類 (市川 1971a)、書き手の表現意図による分類 (Maynard 1998) などが挙げられる。Maynard (1998) は書き手の表現意図により、説得を主な目的とするものとして、学術論文、評論文、書評、解説文、説明文、意見文、広告文、論説文を挙げている。

　このうち、「意見文」とは、書き手の意見や主張を、根拠に基づいて論理的に述べ、読み手を説得する文章である (近藤 1996)。意見文の目的は、書き手の主張を根拠に基づいて、読み手に対し、論理的な構成で訴えることにある (巳野 1988)。近藤 (1996) は、意見文の特質として次の 3 点を挙げている。第一に、意見文は、事実と意見を区別し、意見を総合的、論理的に述べようとするものである。第二に、意見文は、読み手が書き手の意見や主張を理解し、共感し、ときには行動を起こすことを期待して書かれるものである。第三に、意見文は、説得のレトリックに従って、論理をたどって書くものであるため、読み手を納得させるだけの根拠を示し、それに基づく文章構成をとる (近藤 1996)。

　本研究では、読み手を説得する性格を有する文章における意見の述べ方について分析を行うため、意見文のような書き手の意見がより表出しやすい文章の種類で課題を設定することが重要になると考えられる。

4. 説得を目的とした文章の比較研究

4.1 「文章構造」に基づく比較研究

　日本語教育の分野で、文章構造を分析の枠組みとした異文化間の比較研究においては、あるテーマ設定の下に日本語母語話者と日本語学習者の書いた作文を分析の対象としている研究 (佐々木 2001; 伊集院・高橋 2012; 伊集院・盧 2015 等) や、研究者によって準備された文を回答者が配列することで文章を完成させる文配列課題によるもの (杉田 1994; 1995; 金 2006) が挙げられる。これらの研究の結果、日本語母語話者については、文章の前半には客観表現の文が選

ばれ、後半に主観表現が集中して配列されることや（杉田 1995）、文章の最初
と最後に意見が出現すること（伊集院・高橋 2012）が報告されている。他方、日
本語学習者については、伊集院・高橋（2012）において作文の末尾には論の展
開中に言及していなかった新情報が提示される傾向があることが示唆されて
いる。また、伊集院・盧（2015）では日本語、韓国語作文のいずれの言語でも
読み手が早い段階で書き手の主張が読み取れる構造であると述べられている。
いずれの研究も、説得を目的とする文章において、被調査者の母語によって
好まれる文章構造が異なる可能性を示唆している。

　また、異文化間の比較を行う際、作文課題の指示が被調査者の文章のスタ
イルに影響を及ぼす可能性がある（佐々木 2001）。調査協力者に外国語で意見
文を書かせると、書き手の意図する主張が、読み手に伝達されにくい可能性
がある（伊集院・高橋 2012）。「文配列」研究は、「文配列」により被調査者が自
由に作文することを制限することで、データ収集後の分析を行う際に研究者
の主観性を排除しようとしたものであるが、文章が必ずしも被調査者の意見
や立場と一致するわけではない（杉田 1994; 金 2006）。

4.2　「説得的アピール」に基づく比較研究

　「説得」の談話を特徴付け、文章の説得のストラテジーの内容を特定するた
めの分析の観点として「説得的アピール（Persuasive appeals）」があり、その下位
カテゴリーとして「エートス」「ロゴス」「パトス」の 3 つの議論の方向性が
ある（リース 2014）。ここでは「説得的アピール」に基づく、「説得」を目的と
した文章の比較研究をまとめる。

　「説得的アピール」研究には、Connor and Lauer（1985）、Kamimura and Oi
（1998）、近藤（2013）、西條他（2015）等がある。

　Connor and Lauer（1985）は、「説得的アピール」をアリストテレスの「ロゴ
ス」「エートス」「パトス」に基づき、「言論（論理的に正当化される証拠や妥当な行
動をもって読み手の説得にあたるもの）」「信頼性（書き手自身を文章に関連づけるもの）」
「情動（読み手への共感や価値観に訴えるもの）」の 3 種類に分類することを提唱して
いる（表 2）。

表2 Connor and Lauer（1985）の説得的アピール

説得的アピールの種類	定義
①言論のアピール （Rational appeals）	論理的に正当化される証拠や妥当な行動をもって読み手の説得にあたるもの
②信頼性のアピール （Credibility appeals）	書き手自身を文章に関連づけることよるもの
③情動のアピール （Affective appeals）	読み手への共感や価値観に訴えるもの

Connor and Lauer（1985）は、次の表3のように「言論のアピール」「信頼性のアピール」「情動のアピール」の各アピールの下位カテゴリー23項目（「言論」14項目、「信頼性」4項目、「情動」5項目）を設定している。

表3 Connor and Lauer（1985）の説得的アピールの下位カテゴリー

言論のアピールの下位カテゴリー
1. 説明描写の例（Descriptive example）
2. 語りの例（Narrative example）
3. 分類（定義を含む）（Classification（including Definition））
4. 比較（類推を含む）（Comparison（including Analogy））
5. 対比（Contrast）
6. 程度（Degree）
7. 権威（Authority）
8. 原因／直接的結果（Cause / Effect）
9. モデル（Model）
10. 過程における段階（Stage in process）
11. 手段／終了（Means / End）
12. 帰結（Consequences）
13. 理想もしくは原理（Ideal or Principle）
14. 情報（事実、統計）（Information（Facts, Statistics））

信頼性のアピールの下位カテゴリー
15. 直接的体験（First Hand Experiences）
16. 書き手の読み手への関心と視点に対する敬意（Writers Respect for Audiences Interests and Points of View）
17. 書き手と読み手が共有する関心と視点（Writer-Audience Shared Interests and Points of View）
18. 書き手の性格の良さ、もしくは判断力（Writers Good Character and / or Judgement）

情動のアピールの下位カテゴリー
19. 読み手の立場における感情（Emotion in Audience's Situation）
20. 読み手の共感（Audience's Empathy）
21. 読み手の価値観（Audience's Values）
22. 鮮やかなイメージ（Vivid Picture）
23. 熱のこもった言葉（Charged Language）

ただし、Connor and Lauer（1985）の「信頼性」のアピールは、「言論」と「情動」に内包されている可能性があり、Kamimura and Oi（1998）は「信頼性」を外した分析項目を立てている。また、近藤（2013）及び西條他（2015）も「信頼性」を外し、表4のような独自概念である「道徳」「習慣」のアピールを立てている。

表4　近藤（2013）、西條他（2015）の説得的アピールの独自概念

説得的アピール	定義
道徳のアピール （近藤 2013）	社会的に認められたモラルや宗教的価値観を用いて相手を説得しようとする論拠、主張
習慣のアピール （西條他 2015）	書き手が所属する集団の人々の間で普通に行われる物事のやり方や社会的なしきたり、生活上の様式を用いて相手を説得しようとする論拠、主張

　これらの先行研究の結果、英語母語話者は「言論」（Kamimura and Oi 1998）、日本語母語話者は「情動」（Kamimura and Oi 1998; 近藤 2013）、ウズベク語母語話者は「道徳」の使用率が高かった（近藤 2013）ことが明らかにされている。

　「説得的アピール」の組み合わせに関して、スペイン語母語話者は、「言論」と「習慣」を組み合わせ、日本語母語話者は「言論」と「情動」を組み合わせることを好む傾向が見られた（西條他 2015）。

　いずれの先行研究も、母語によって用いられる「説得的アピール」の傾向が異なり、言語ごとに固有の論理構造があることが示唆されている。しかしながら、近藤（2013）や西條他（2015）において独自に設定された説得的アピールの概念が Connor and Lauer（1985）の「信頼性のアピール」に相当するものかどうかは不明確であり、「言論」「情動」のいずれのカテゴリーにも属さないものとして提示されているのみに留まっている。

　また、先行研究は、全体の傾向を明らかにしたものであり、個々の事例についての質的な分析には至っていない。このことからも、エートス、ロゴス、パトスから成るそれぞれの「説得的アピール」に基づく傾向を明らかにする量的研究に加えて、一つひとつの事象を詳細に観察し、「説得的アピール」が

それぞれいかなる機能を有し、読み手に対してどのような説得効果をもたらしているのかに着目する研究も求められるであろう。

5. 先行研究に残された課題と本研究の研究課題

　モノリンガルとバイリンガルが混在する地域における多言語使用に関する研究では、言語意識や言語の切り替え、会話でのコードスイッチングに関する研究等が行われているが（トラッドギル 1975; 小田桐 2015; 堀口 2019; 柳田 2020)、それらは会話を対象としたものであり、モノリンガルとバイリンガルが混在する地域における文章の比較研究は行われていない。文章においては、会話場面でのコードスイッチングのように、1つの文章の中に複数の言語を交差させながら文章を展開することはあまり見られないと推測される。また、多言語社会において、基幹民族言語のように話者数が多い言語や公用語のように法的な位置づけを得ているリンガフランカのどちらか一言語を使用している人々だけではなく、これらを場面に応じて併用している話者も存在することも考えられる。モノリンガルだけではなく、バイリンガルの文章も比較対象とすることで、社会全体の説得を目的とした文章における説得のストラテジーの実態を明らかにすることが可能となる。旧ソ連諸国において、実際に文章を書かせる調査を行う際には、基幹民族言語モノリンガル、基幹民族言語・ロシア語バイリンガル、ロシア語モノリンガルに分けておく必要がある。また、書き手がその言語にどの程度習熟しているかや、日常的に書き手がよく使う言語を基準とすることを検討する必要がある。

　キルギスの言語と教育に関する研究（Natsstatkom KR 2018; Korth 2005; 西條 2019a)からは、キルギスにおける言語話者は「キルギス語モノリンガル」「ロシア語モノリンガル」「キルギス語・ロシア語バイリンガル」の3群に大別できることが明らかになった。そして、バイリンガルには、所属民族や出身教授学校による使用言語の差異が確認され、バイリンガルの二言語の習熟度には、地域差が生じている（Korth 2005; 西條 2019a)。

　「文章構造」に関する先行研究では、モノリンガルの母語や外国語での作文

を中心に文章構造類型の比較研究が行われているが（杉田 1994;1995; 佐々木 2001; 金 2006; 伊集院・高橋 2012; 伊集院・盧 2015）、バイリンガルや、モノリンガルとバイリンガルが混在する地域における異なる言語話者を対象とした研究は行われておらず、その言語的優位性も明らかになっていない。モノリンガルとバイリンガルでは、言語能力が同じとは限らないことが指摘されており（山本 2014）、文章においても二者間で異なる文章構造を用いる可能性がある。また、二言語が相互に影響を及ぼすとすれば、モノリンガルと比較し、どちらの言語が言語的優位に出現するのかを明らかにすることで、西條（2019b）で指摘されている文章構造と教育の関わりや、二言語間の転移の検証が可能となる。バイリンガルをめぐっては、書きことばの体系に二言語間で共通性があれば、書く能力に転移することもあるため（ベーカー 1996）、言語的優位性からも第一言語での文章構造の体系を明らかにすることは重要である。

　「説得的アピール」の観点に基づく比較研究では、特定の 1 つの言語を母語とする話者を中心とした類型化が行われているが（Kamimura and Oi 1998; 近藤 2013; 西條他 2015）、バイリンガルや、モノリンガルとバイリンガルが混在する地域における異なる言語話者を対象とした比較研究は行われておらず、その言語的優位性も明らかになっていない。また、先行研究では「信頼性」を外して分析が行われているが（Kamimura and Oi 1998; 近藤 2013; 西條他 2015）、「エートス」とは、書き手が自分自身について、十分な知識・経験がある、公正な見方ができる、正しい方向を目指している、感じがいい、といった印象を与え、書き手の説得効果を大きく左右するものである（柳澤 2006）。リース（2014）は、「エートス」について、書き手の議論は読み手が共有している様々な前提に基づいていれば、あるいは特殊な場合においては読み手を書き手の権威に従わせることができるならば、読み手を説得できる（リース 2014）と述べている。

　柳澤（2006）やリース（2014）の指摘からも、「説得」を目的とする文章においては「エートス」が重要な説得的アピールであることがわかる。特に、言語や社会に対する価値観が異なる可能性のあるモノリンガルとバイリンガルが混在する地域における説得行為においては、書き手が「エートス」をどのようなトピックと関連させ、読み手を説得しようとするかが重要になってくると考えられる。読み手にとって書き手がどのように信頼を獲得しようとし

ているかを「エートスと議論の型」の観点から明らかにすることで、書き手の説得のストラテジーを明らかにする手立てとなるであろう。

　本研究では、「エートス」だけではなく、「エートス」が出現する意見文において、説得の戦略において「エートス」と並ぶ要素である「議論の型」（トポス）との関わりについても分析を行う。「議論の型」の選択には、書き手の個性によるものが大きいという（Weaver 1970; 香西 1998）。「議論の型」と「エートス」の関わりについては、Weaver（1970）の仮説を文学的文章で検証した柳澤（1993）において、Weaver（1970）の仮説は「議論の型」と「エートス」との関連が指摘されている。柳澤（1993）での分析対象は文学的文章における説得場面であったが、意見文においてもこれらの要素がどのように関連し合っているかについても明らかにする。

　意見文においては、書き手の意見が妥当性を持ち、読み手を説得するために、拠所となる書き手の体験に基づく事柄や問題点が、客観性を持って意見に結び付いていなければならない（巳野 1988）。書き手が事実と意見を書き分け、どのように配置するかは説得において重要な点となりうる。しかしながら、先行研究（杉田 1994;1995; 佐々木 2001; 金 2006; 伊集院・高橋 2012; 伊集院・盧 2015）では意見の出現位置や文配列等による文章構造の型の類型に留まっており、書き手が文章全体の中で事実（客観）と意見（主観）をどのように配置しているかは明らかにされていない。

　以上の先行研究の課題をふまえ、本研究では意見文課題を用いて、モノリンガルとバイリンガルが混在する地域における異なる言語話者の説得のストラテジーの特徴を明らかにする。そのために、次のような研究課題を設定する。

研究課題1：モノリンガルとバイリンガルが混在する地域における異なる言語話者は、意見文においてどのような構成で事実と意見を配置し、読み手を説得しようとするか。【事実と意見の配置に基づく文章構造】

研究課題2：モノリンガルとバイリンガルが混在する地域における異なる言語話者は、意見文においてどのような発想を用いて読み手を説

得しようとするか。【エートスと議論の型】

研究課題3：意見文の「事実と意見の配置に基づく文章構造」と「エートスと議論の型」において、キルギス語・ロシア語バイリンガルのそれぞれの言語的な優位性はどのように表出するか。

［注］

1──本研究でのキリル文字表記は、小松他（2005）「翻字・アルファベット表【クルグズ語】」及び「翻字・アルファベット表【ロシア語】」に倣い、表記する。本論文中で引用する意見文データについては、原文のままキリル文字で表記し、訳文を併記する。

2──Ministerstvo Yustitsii Kyrgyzskoi Respubliki, Gosdarstvennyi obrazovatel'nyi standart srednego obrazovaniya Kyrgyzskoi Respubliki（キルギス共和国法務省「キルギス共和国における普通教育国家教育スタンダード」）http://cbd.minjust.gov.kg/act/view/ru-ru/96691/10（2022年10月4日閲覧）を参照。

第 **3** 章 調査の方法と分析の
枠組み

　本章では、1 節で意見文課題策定のための言語選択と使用に関する予備調査の
結果を報告し、2 節でキルギス語モノリンガル、ロシア語モノリンガル、キルギ
ス語・ロシア語バイリンガル（キルギス語優位）、キルギス語・ロシア語バイリンガ
ル（ロシア語優位）の 4 群を対象に行った意見文調査の概要について述べる。3 節
にて本研究の分析の観点である「事実と意見の配置に基づく文章構造」と「エー
トスと議論の型」についてデータ分析の枠組みを提示する。

1. 言語選択と使用に関する予備調査

　先行研究（Landau and Kellner-Heinkele 2001; Korth 2005）から、キルギスの人々が
日常生活や職場、学校において、民族言語、キルギス語、ロシア語のどの言
語を使用しているかが明らかになったが、1994 年のキルギスにおける言語使
用を見ると、「家庭」「学校もしくは大学」「職場」のいずれにおいても、キル
ギス人はキルギス語使用の割合が高いという調査結果も見られる（Landau and
Kellner-Heinkele 2001）。しかしながら、Landau and Kellner-Heinkele（2001）で示さ
れているデータは、カテゴリーが「学校もしくは大学」となっており、初等
中等教育機関のように教授言語の区別がない高等教育機関とで校種別には判
断が難しいものになっていること、データ自体が 1994 年と現在から 20 年以
上前のデータであり、国家語委員会の創設や国家語法の改正等による影響か

23

ら、社会における二言語の関係性が変化していることが考えられ、書く場面においてどのような頻度で、キルギス語が選択され、使用されているかについても把握しておくことが必要であると判断された。

　そこで、現在のキルギスの大学生の言語選択と使用の現状を改めて明らかにするとともに、意見文課題を策定するために、言語選択と使用に関する予備調査を実施した。

　予備調査は、2018年2月から3月にかけて、カラサエフ記念ビシケク人文大学[1]（以下、ビシケク人文大学）東洋国際関係学部とバラサグン記念キルギス国立総合大学（Kyrgyz National University named after J. Balasagyn）（以下、キルギス国立総合大学）国際関係学・東洋学部の大学生118名を対象に実施した。回答者の詳細は次の表5の通りである。

表5　予備調査の回答者に関する情報

	キルギス語教授学校 出身学生	ロシア語教授学校 出身学生
回答者数	32名 （男性11人、女性21人）	86名 （男性14名、女性72名）
所属民族	キルギス32名	キルギス70名、朝鮮9名、 カザフ3名、ロシア2名、 ドイツ1名、タタール1名
平均年齢	19.1歳	19.5歳

　調査用紙に関しては、キルギスの言語事情に合わせ、キルギス語とロシア語を併記した。調査項目は、「回答者自身にかかわる項目（3問）」「学校教育に関する項目（5問）」「通信・ソーシャルメディアに関する項目（5問）」からなる。なお、調査の実施に先立ち、ビシケク人文大学東洋国際関係学部日本語日本文学講座に所属する教員2名（キルギス語を第一言語とする者1名、ロシア語を第一言語とする者1名）に、不自然な質問項目がないかどうかの確認をしてもらったうえで実施した。

　質問紙の集計に関しては、「その他」と「無回答」を除いて、「キルギス語のみを使用：1点」「ほとんどキルギス語を使用：2点」「キルギス語とロシア

語を同じくらいの割合で使用：3点」「ほとんどロシア語を使用：4点」「ロシア語のみを使用：5点」として、表6の通り、平均値と標準偏差を算出した。

表6　言語選択と使用に関する予備調査の結果

質問項目		キルギス語教授学校 出身学生（n=32）		ロシア語教授学校 出身学生（n=86）	
		平均	標準偏差	平均	標準偏差
回答者自身に かかわる項目	1.1. 話すときの 使用言語	2.53	0.80	3.86	0.79
	1.2. 読む・書く ときの使用言語	3.41	0.99	4.26	0.98
	1.3. 考えるとき の使用言語	1.87	0.95	4.05	0.89
学校教育に関 する項目	2.1. 教師と授業 内でのやりとり	3.80	0.79	4.37	0.74
	2.2. 友人と授業 内でのやりとり	3.06	0.96	4.21	0.82
	2.3. メモ・ノー トテイキング	3.57	0.92	4.56	0.59
	2.4. 教師との授 業外でのやりとり	3.25	1.04	4.46	0.61
	2.5. 友人と授業 外でのやりとり	2.53	1.10	4.15	0.77
通信・ソー シャルメディア に関する項目	3.1. 電話	2.61	0.80	3.77	0.99
	3.2. SNS	3.40	1.01	3.96	1.01

　表6より、キルギス語教授学校出身学生は、「1.3. 考えるときの使用言語(1.87)」において、キルギス語の使用が顕著であることが確認された。授業外での改まった場面ではない状況下や友人のように親しい間柄の接触ではキルギス語を用いていると推測される。一方、ロシア語教授学校出身学生は、「1.2. 読む・書くときの使用言語(4.26)」「1.3. 考えるときの使用言語(4.05)」「2.1. 教師との授業内でのやりとり(4.37)」「2.2. 友人との授業内でのやりとり(4.21)」「2.3. メモ・ノートテイキング(4.56)」「2.4. 教師との授業外でのやり

とり (4.46)」「2.5. 友人との授業外でのやりとり (4.15)」と全体的にロシア語の使用率が高い傾向にあるが、普段の会話や電話、SNS 内でキルギス語とロシア語の両方を用いることが明らかになった。

言語選択と使用に関する予備調査の結果から、キルギス語教授学校出身の大学生は、思考するときの言語や、日常生活、特に話す場面でキルギス語の使用率が高く、キルギス語のみのマスメディアへの接触が極端に低いことが明らかになった。学生の多くが、習熟度に差はあるもののキルギス語を維持し、ロシア語を習得している「加算的バイリンガル」である可能性がある。また、バイリンガルは、ほぼ同程度の言語能力を有していたとしても、言語ごとに得意な領域がある (山本 2014)。予備調査の結果を見ると、キルギス語教授学校出身者で二言語を併用している者は、状況や聞き手との関係性に応じて、キルギス語とロシア語を使い分けており、大学生活の中では、キルギス語コミュニティとロシア語コミュニティの両方の言語コミュニティに接していると考えられる。

文章や書く場面におけるキルギス語使用については、先行研究 (Huskey 1995; 塩川 1999; Landau and Kellner-Heinkele 2001; 小田桐 2009) において、文章語の脆弱性が指摘されている。ロシア語の使用率の高さには及ばないものの、キルギス語教授学校出身学生を中心に読む、書く場面において、キルギス語を使用言語として選択し、使用する学生が存在していると考えられる。キルギス語とロシア語のいずれの教授学校出身の学生も言語選択や言語使用の頻度に差はあるが、キルギス語、もしくはロシア語を使用する場面の両方に接していることが明らかになった。

本研究において意見文調査を実施するにあたり、出身教授学校別に、使用言語の頻度が異なることが示唆された。したがって、意見文を書いてもらう際に、書く場面での使用言語の頻度に応じて、キルギス語モノリンガル、ロシア語モノリンガル、キルギス語・ロシア語バイリンガル (キルギス語優位)、キルギス語・ロシア語バイリンガル (ロシア語優位) の 4 群に分けておく必要がある。

2. 意見文調査の概要

　先行研究（杉田 1994; 金 2006; 伊集院・高橋 2012）の分析において書き手の意見が出現しやすい課題を設定する必要があると判断されたため、伊集院・高橋（2012）を参考に課題文を作成した。意見文課題はキルギス語、もしくはロシア語で収集し、データとしては筆者が日本語訳したものを使用する。なお、筆者による日本語訳は、日本語能力試験（JLPT）N1 相当の日本語力を有するキルギス語母語話者、ロシア語母語話者に誤訳がないかどうかの確認を依頼し、訳出した文章の正確さを確認した。データの分析に必要な最低限の字数を確保するため、キルギス語意見文については 150 語以上、ロシア語意見文については 180 語以上とした。それぞれの言語の最低語数の根拠としては、事前にパイロット調査で収集したデータを日本語に訳し、「100 字から 200 字を一段落の目安（金子 1996）」とし、日本語に訳出した文章で最低 400 字程度あれば分析可能と判断した。本研究での「意見文」とは、近藤（1996）に倣い、「書き手の意見や主張を、根拠に基づいて論理的に述べ、読み手を説得する文章」とする。課題文については、回答者間で課題の読解力に差が出ないように、キルギス語とロシア語を 2 言語併記した。

　第 2 章 3 節でも述べた通り、近藤（1996）は意見文の特質として次の 3 点を挙げている。第一に、意見文は、事実と意見を区別し、意見を総合的、論理的に述べようとするものである。第二に、意見文は、読み手が書き手の意見や主張を理解し、共感し、ときには行動を起こすことを期待して書かれるものである。第三に、意見文は、説得のレトリックに従って、論理をたどって書くものであるため、読み手を納得させるだけの根拠を示し、それに基づく文章構成をとる（近藤 1996）。

　意見文課題の内容の策定については、そのような意見文の特質からも、書き手が事実と意見をかき分けられやすい課題であること、書き手が書く必要感や書く目的が明確となり、その文章を誰に向けて書くかという具体的な読み手の設定についても明確に示した課題内容となっている必要がある。

　意見文を書くことは、書き手自身の生活や社会事象の中から矛盾や問題を発見し、主体的な考えを表現することによって、個人や集団の生活改善に資

するものであるという（巳野 1988）。したがって、意見文の課題内容について
は、書き手と読み手で共通する話題で、かつ書き手と同じ性質を持つ読み手
を課題文に記述しておくことで、書き手が意見を書きやすくなり、かつ読み
手を想像しやすくなると判断した。

　本研究の課題において、読み手の設定は重要な要素であると判断し、読み
手は書き手と同じ言語文化圏（母語場面）を想定し、「この作文は、あなたと同
じ世代のキルギスの大学生が読むつもりで書いてください。」という一文を
設けた。課題文における最後の書き手への教示については、先行研究におい
て「反対か、賛成か必ずどちらかの立場に立ったうえで、論じてください。」
（佐々木 2001）のように設定すると、課題文の指示が文章構造に影響が出る可
能性が示唆されていたため、書き手がなるべく自由な立場で書くことができ
るように配慮し、「あなたはどのように思いますか。あなたの意見を書いてく
ださい。」という教示とした。

　書き言葉は、読まれることを前提としているものであるが（石黒 2017）、読み
手のいない所での言語行為であり、想定している読み手を書き手は頭の中で
想像し、読み手の反応を考えなければならないもの（ルリヤ 2020）である。す
なわち、文章は書き手から読み手に向けられているものであり、読み手の反
応を期待しているものであると考えられる。この点で、書き上げた文章から
だけではなく、書き手が文章を生成、産出している際にも、書き手が想起す
る読み手と説得の言語行為が起こっていると言えよう。意見文が、読み手を
説得のレトリックに従って論理をたどって書くものであり、読み手を納得さ
せる根拠を示し、論理を展開するという特質を有することからも、書き手の
読み手に対する説得の言語行為そのものには影響はないものと考える。本研
究で使用した課題と課題の指示文を次に示す。

【課題】

　下の課題文を読んで、自分の意見をキルギス語 150 語以上／ロシア語 180 語以上で書いてください。（この作文は、あなたと同じ世代のキルギスの大学生が読むつもりで書いてください。）

【課題文】

　いま、世界中で、インターネットが自由に使えるようになりました。ある人は「インターネットでニュースを見ることができるから、もう新聞や雑誌はいらない」と言います。一方、「これからも、新聞や雑誌は必要だ」という人もいます。あなたはどのように思いますか。あなたの意見を書いてください。

　本研究で収集した意見文は、次の 4 つのグループからなる。

(1)　キルギス語モノリンガル【キルギス語意見文】
　　　（Kyrgyz essays by Kyrgyz monolinguals（以下、KK））
(2)　ロシア語モノリンガル【ロシア語意見文】
　　　（Russian essays by Russian monolinguals（以下、RR））
(3)　キルギス語・ロシア語バイリンガル（キルギス語優位）
　　　【キルギス語意見文】
　　　（Kyrgyz essays by Kyrgyz–Russian bilinguals（Kyrgyz dominant）（以下、KRK））
(4)　キルギス語・ロシア語バイリンガル（ロシア語優位）
　　　【ロシア語意見文】
　　　（Russian essays by Kyrgyz–Russian bilinguals（Russian dominant）（以下、KRR））

　(1) 群から (4) 群のいずれも、キルギスの大学に所属する大学生から成り、回答者の優位な言語で作文を書いてもらうことにした。回答者の母語については Skutnabb-Kangas（1984）や田浦（2014）を参考にし、「日常生活において回答者が書く場面において最も使用する言語」とし、フェイスシートにおいて

第 3 章　調査の方法と分析の枠組み　　29

「キルギス語のみを使用する」を選択した者はキルギス語モノリンガル（KK）、
「ロシア語のみを使用」を選択した者はロシア語モノリンガル（RR）、「キルギ
ス語・ロシア語の両方を書く場面で使用しているが、キルギス語をよく用い
る」を選択した者はキルギス語・ロシア語バイリンガル（キルギス語優位）（KRK）、
「キルギス語・ロシア語の両方を書く場面で使用しているが、ロシア語をよ
く用いる」を選択した者はキルギス語・ロシア語バイリンガル（ロシア語優位）
（KRR）とした。バイリンガルについては、どちらの言語も年齢相応のレベル
まで達しておらず、どちらの言語も自信がなく、語彙数の少なさや文法的な
正確さが欠けているダブル・リミテッド（迫田2020）の可能性も考えられるが、
なるべく多くのデータを確保するため、第一言語、第二言語とも書く能力は
本調査では考慮していない。

　調査は2019年1月から2月にかけて紙媒体で実施した。キルギスの3つの
大学（ビシケク人文大学、キルギス国立総合大学、アラバエフ記念キルギス国立大学（Kyrgyz
State University named after I. Arabaev）（以下、キルギス国立大学）の人文社会系学部に所
属する学生112名に回答を依頼し、表7の通り回答を得た。

表7　意見文調査の回答者に関する情報

	キルギス語モノリンガル（KK）	ロシア語モノリンガル（RR）	バイリンガル（キルギス語優位）（KRK）	バイリンガル（ロシア語優位）（KRR）
意見文の数	18編	29編	37編	28編
出身教授学校	キルギス語教授学校18名	キルギス語教授学校3名、ロシア語教授学校26名	キルギス語教授学校36名、ロシア語教授学校1名	キルギス語教授学校6名、ロシア語教授学校22名
意見文の言語	キルギス語	ロシア語	キルギス語	ロシア語
平均年齢	19歳	18.8歳	19.1歳	18.9歳

　本調査の回答者の所属先であるビシケク人文大学、キルギス国立総合大学、
キルギス国立大学はいずれもキルギスの首都ビシケク市に所在する大学である。
回答者である学生はキルギス全土から集まっており、都市部のキルギス語教
授学校、もしくはロシア語教授学校を卒業した者もいれば、地方のキルギス

語教授学校、もしくはロシア語教授学校を卒業した者もいる。Korth（2005）では、出身地別に言語の習熟度に差が生じることが示唆されていたが、本研究は、書く場面における使用頻度によって第一言語（意見文の執筆言語）を4群に分類しているため、データ分析に影響はないと判断した。

3. 分析の枠組み

3.1 事実と意見の配置に基づく文章構造

本研究では分析の枠組みとして、樺島（1983）による文章構造（「トリー」）を用いる。樺島（1983）は、文章においてどのような要素がどのような順序で並んでいるかが重要であると主張し、「トリー」と呼ばれる文章の階層構造を図2のように提示している。

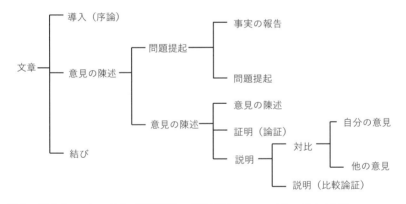

図2 樺島（1983）の文章の階層構造の例示（樺島1983: 138をもとに筆者が作成）

「トリー」について、樺島（1983）は「文章の構造を、意味を捨像し、意図のあり方、および必要に応じてそこに文脈の切れ続きの関係を加えた」ものと定義している。

本研究での分析方法に樺島（1983）を用いる理由としては、まず文章を「導入（序論）」「意見の陳述」「結び」の3つの構成で捉え、さらには文レベルで1つの要素に認定することができる点による。比較階層構造という点を生か

し、「文章」から「文」といったように、大きなまとまりからより詳細な部分に文章を分析できると判断した。なお、樺島（1983）では「トリー」と呼称されているが、前川（2020）に倣い、本研究では「ツリー」と呼ぶ。

　本研究では樺島（1983）及び前川（2020）を参考にし、ツリーの構成要素に分類後、「導入」「本論」「結び」の3つの形式段落から成る文章を、「事実の報告」と「説明」から成る「事実・出来事の描写」と、「意見の陳述」と「論拠」から成る「書き手の意見陳述」にコーディングを行い、書き手が客観的な観点と主観的な観点をどのように組み合わせているか、各形式段落における分布を分析した。

　4群それぞれの分析においては、文章の書き出しとなる冒頭文に着目し、書き手が冒頭文においてどのような構成要素を選択し、意見文を展開しようとしているかについても分析を行った。

3.2　エートスと議論の型

　Connor and Lauer（1985）の「説得的アピール」のうち、「信頼性のアピール」は「エートス」に相当する要素であり（Connor and Lauer 1985）、「エートス」「ロゴス」「パトス」は記述と口述の説得において欠かせない基盤である（リース 2014）。「エートス」は、書き手が自分自身について、十分な知識・経験がある、公正な見方ができる、正しい方向を目指している、感じがいい、といった印象を与え、書き手の説得効果を大きく左右するものであるという（柳澤 2006）。柳澤（2006）やリース（2014）からも、説得を目的とする文章においては「エートス」が重要であり、書き手にとっては、エートスをどのようなトピックと関連させ、読み手を説得しようとするかが重要になってくる。

　本研究では、書き手がどのように読み手の信頼性を得ようとしているかを検証するため、「エートス」に着目し、KK、RR、KRK、KRRの4つのグループの意見文データを質的に分析する。「エートス」の分析の枠組みと判断基準は、Connor and Lauer（1985）及び Biber et al.（2007）の「信頼性のアピール（Credibility appeals）」の定義や例を参考に、「書き手の直接的体験（First Hand Experiences）」、「書き手の読み手への関心と視点に対する敬意（Writers Respect for Audiences Interests and Points of View）」、「書き手と読み手が共有する関心と視点（Writer-

Audience Shared Interests and Points of view）」、「書き手の性格の良さ、判断力（Writers Good Character and / or Judgement）」を指標とし、分析を行う。

　さらに、出現したエートスが、ロゴスとどのように関連しているのかを明らかにするため、Weaver（1970）の「ロゴス」の下位概念である「議論の型」（トポス）を援用し、分析を行う。「ロゴス」は論理的に証明するか、あるいは論理的に証明したと思わせることによって説得するものである（柳澤 1993）。トポスとは、人々が通常説得的であると考えている事柄、また説得的な効果を持つとされる方法を概観したものであり（バーク 2009）、「常識＝通念」（蓋然的論拠）に関連しているため、時代や文化と共に変化する可能性があるものである（野内 2002）。古典修辞学の体系 において弁論構成の過程 [2] は、言うべきことを見出すものである「発見（Inventio）」、見出したことを順序立てる「配置（Dispositio）」、言葉の装飾、文彩を加える「表現法（Elocutio）」、役者のように弁論を演ずる身振りと話し方である「行為（Actio）」、記憶力に頼る「記憶（Memoria）」の 5 つの過程に分割でき（香西 1986; バルト 2005）、その中でトポスは「発見（Inventio）」の中核をなす理論である（香西 1986）。香西（1986）を参考にすれば、トポスは、有効な修辞学的三段論法（エンテュメーマ）を探し出す場所を意味し、種々の日常議論の要素や型を法則化、類型化し、議論を展開する際の手掛かりとなるように工夫された項目である。つまり、類型化された議論の型を示す一覧表がトポスであり、書き手はトポスの中から、書き手がより説得力を持つと考えられる議論の型を選択し、読み手を説得するための方略として使用する。香西（1998）によれば、Weaver（1970）等のアリストテレスのトポスを観点とした研究によって、主張する判断が同じであっても、論証する議論の型の選択には、書き手の個性が反映されるという。Weaver（1970）では、「状況（Circumstance）」「因果関係（Cause and effect）」「類似（Similitude）」「定義（Definition）」による 4 つの議論の型（トポス）が示されている。柳澤（2006）は、次の図 3 のように、Weaver（1970）の「議論の型」を整理している。

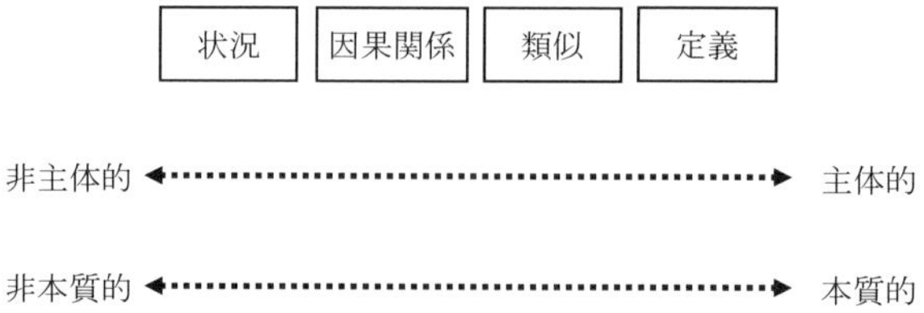

| 状況 | 因果関係 | 類似 | 定義 |

非主体的 ◆┅┅┅┅┅┅┅┅┅┅┅┅┅┅┅▶ 主体的

非本質的 ◆┅┅┅┅┅┅┅┅┅┅┅┅┅┅┅▶ 本質的

図3 Weaver（1970）の「議論の型」の関係図（柳澤 2006: 155）

　図3を見ると、書き手の主体性の現れ方の強弱、状況への依存度の度合い、対象への本質の迫り方がそれぞれ異なっている。例えば「定義」は書き手の主観だけで決まるものであり、主体性が4つの型の中で最も高く、状況への依存度が低い一方で、「状況」は「定義」と対極に位置付けられる型である（柳澤 2006）。Weaver（1970）のトポスに関する理論をめぐっては、柳澤（1993）で、エートスを中心とした形で再解釈されるべきものであると述べられている。エートスとロゴスは共に読み手の「共通認識」に訴えるものであり、「共通認識」を使うとエートスとロゴスが交差する場所であるという（リース 2014）。

　「議論の型」については、Weaver（1974）による「類あるいは定義（Genus or definition）」「因果関係（Cause and effect）」「状況（Circumstance）」「類似（Similitude）」「比較（Comparison）」「反対（Contraries）」「証言（Testimony）」「権威（Authority）」による8つの「議論の型」や、Corbett and Connors（1999）の「定義（Definition）」「比較（Comparison）」「関係性（Relationship）」「状況（Circumstances）」「証言（Testimony）」の5つの「議論の型」とその下位カテゴリー17項目（「定義」2項目、「比較」3項目、「関係性」4項目、「状況」2項目、「証言」6項目）も挙げられる。ただし、Weaver（1974）及びCorbett and Connors（1999）では、書き手の個性と議論の型との関連は明示されていない。

　本研究では書き手と議論の型の関わりを「エートス」と併せて検証するため、Weaver（1970）の「状況」「因果関係」「類似」「定義」の4つの「議論の型」から分析を行う。

［注］

1 ──カラサエフ記念ビシケク人文大学（Bishkek Humanities University named after K.Karasaev）
については、キルギス共和国教育科学省令 No.842/1 により 2019 年 7 月 10 日付でカ
ラサエフ記念ビシケク国立大学（Bishkek State University named after K.Karasaev）に名
称の変更が行われている。本研究の予備調査及び意見文調査は、名称変更前に実施し
たため、本文中では、旧称のビシケク人文大学の名称を用いることとする。

2 ──バルト（2005）の弁論構成過程の 5 つの役割の訳語をめぐっては、香西（1986）や野
内（1998）では異なる訳語が用いられているが（例えば、Inventio は「構想」（香西
1986）、「発想」（野内 1998）と訳出されている。）、本研究ではバルト（2005）で用い
られている日本語訳を使用することとする。

第 3 章　調査の方法と分析の枠組み　　*35*

第 **4** 章 事実と意見の配置に基づく文章構造

　本章では、KK、RR、KRK、KRR の 4 群を対象に実施した意見文課題に基づく作文調査の結果のうち、「事実と意見の配置に基づく文章構造」の観点から分析結果について述べる。まず、1 節では分析の方法を提示し、2 節において KK、RR、KRK、KRR の 4 群の意見文調査の結果を報告する。3 節では 4 群の分析結果をもとに考察を行う。

1. 分析方法

　本研究では、キルギス語モノリンガル（KK）、ロシア語モノリンガル（RR）、キルギス語・ロシア語バイリンガル（キルギス語優位）（KRK）、キルギス語・ロシア語バイリンガル（ロシア語優位）（KRR）の 4 群の意見文を、樺島（1983）の文章構成要素に基づき、文単位でコーディングを行い、文章構成要素に分類した。

　ツリー階層構造の認定にあたっては、最初に形式段落に基づき、構成単位「導入」「本論」「結び」を設定した。次に、文単位（キルギス語、ロシア語文に準拠、訳出する過程で文が複数になった場合も原文に沿って一文として扱う）で、ツリー階層構造の要素を認定した。なお、文章の段落数が一つの場合も「導入・本論・結び」を構成するものと想定し、ツリー階層構造の認定には問題ないものと判断し、分析を進めた。

本研究で用いた階層構造の認定方法には、樺島（1983）、前川（2020）を参考に、ツリー構成要素のコーディングを行い、分析を行った。各構成要素との定義と例は次の表8の通りである。表8の定義に基づき、筆者によるコーディングの信頼性を保証するために、KKの意見文18編において日本語、キルギス語、ロシア語に堪能なセカンドコーダー1名を立てて、筆者とセカンドコーダー2名による分析を行い、不一致の場合はなぜそのよう認定に至ったのか確認を行った。コーディングの認定がKKの意見文において8割程度で一致したため、残りの意見文は筆者単独で分析した。

表8　本研究で用いた文章構成要素の定義と事例

要素	定義	事例
意見の陳述	書き手が自身の立場や主張、意見を述べること	Менин көз карашым газета-журналдарды көбөйтүү керек.「私の考えでは新聞や雑誌などを増やさなければならない。」（KK17:14）
論拠	意見の陳述に理由や解説を示すこと	Потому что найдутся любители почитать их-это мой сугубо личное мнение.「なぜならば、これは個人的な意見であるが、それらを読む人はいつかいるかもしれない。」（RR04:14）
事実の報告	出来事や物事を客観的に述べること	Роль интернета действительно становится все более и более ощутимой с каждым днем, причем практически в любой сфере человеческой деятельности: образовательной, медицинской, культурно-духовной и других.「インターネットの役割は日々ますます重要になっていて、人間が活動するどの分野においても重要度を増している。その分野とは教育や医学、文化的、精神的な活動等がある。」（KRR06:1）
説明	事実の報告に理由や解説を示すこと	Раньше мы ждали когда например выйдет новый выпуск вечернего Бишкека, де-факто и так далее.「例えば、私達は新聞「夕刊ビシケク」や「デ・ファクト」等の最新号がいつ出版されるのかを待っていた。」（RR11:6）
問題提起	文章における問題意識を示すこと	Ошол интернеттен маалыматка канчалык деңгээлде ишенсе болот.「インターネットにある情報をどのくらい信用すればよいのだろう。」（KRK04:14）

予告	話題内容や方向付けを示すこと	Гезит журналдар келечекте керек болобу деген суроо талкууга алсак. 「新聞・雑誌が将来的に必要であるかという問題について見てみよう。」(KK14:6)
仮定	事実に基づかない予想や想定のこと	Эгерде интернеттен карабастан китептерди кызып окуса, изденип окуса пайдасы абдан көп таасир этмек. 「もし、インターネットの代わりに本を使って自力で宿題をしようとすればより役立ったかもしれない。」(KRK15:10)

(表中の「事例」で取り上げている例文の（　）内のアルファベットと数字は、書き手の所属群、回答者番号、文番号を指す。)

　キルギス語モノリンガル（KK）が書いたキルギス語意見文（KK02）をコーディングのモデルとして示しておく。なお、段落頭にある≪　≫内の数字は形式段落番号、各文の冒頭部には①、②のように、文番号を付している。

　≪1≫① Азыркы биз жашап жаткан 21 кылым технологиянын, интернеттин өнүккөн доору десек болот.「現在、私達が生きている 21 世紀はテクノロジーやインターネットが発達した時代である。」【事実の報告】② Биз азыр эмнени издеп жатсак, эмне керек болсо, дароо эле интернетти жардамга чакырыбыз.「私たちは、現在、何かを探すとき、何かを必要とするときにすぐにインターネットに助けを求める。」【説明】③ Карысы болобу, же жашы, а тигүл кичинекей 1 жашка толо элек бала да мобилдик телефонду алары менен интеретке киришет.「高齢者も若者も、1 歳未満の子供さえ、携帯電話を手に取れば直ちにインターネットにアクセスしようとする。」【説明】

　≪2≫④ Интернет биздин жашообуздун бир бөлүгү болуп калды десек да жаңылышпайбыз.「インターネットは間違いなく私たちの人生の一部になった。」【事実の報告】⑤ Кээ бир адамдардын "интернет досум жок болгондо эмне кылмакпыз" деген сыяктуу сөздөрүн да угуп калабыз.「周りから時々「インターネットという友人がいなかったらどうしていたのだろう」と言っているのを耳にすることがある。」【説明】⑥ Демек бул сөздөр менен да интернет адамга дос деген ойду да түшүндүрүп калат.「それは、インターネットが人間の友人だという意味をも表している。」【説明】⑦ Ооба бул нерсе баардык жерде жеткиликтүү.「現

在では、インターネットにどこからでもアクセスできるようになった。」【事実の報告】⑧ Айылда болобу, шаарда болобу, тоодо болобу болгон жерде акырындык менен жетишип келе жатат.「今は農村部や都市部、山間部など、どこからでもインターネットにアクセスできるようになりつつある。」【説明】

≪3≫⑨ Ал эми интернеттин көбөйүшү, газета,журналдардын окулбай калышына себеп экенине кошулбайм.「インターネットの普及が新聞や雑誌などが読まれなくなった理由だとは思わない。」【意見の陳述】⑩ Анткени, "беш кол тең эмес" дегендей кээ бир адамга тактап айтканда үйдө отурган адамдар газета, журналдардан жаңылыктарды окуганды жакшы көрүшөт, талап кылышат.「なぜならば、「五本の指は同じではない」と言われるように、特に毎日仕事に行かずに家で過ごす人々にとっては、ニュースを新聞や雑誌などから読むのが好きかもしれない。」【論拠】⑪ Алардын оюу интернет бул ден соолугуна зыян келтирээрин айтышат.「このような人々はインターネットが人の健康に悪影響を与えると主張している。」【論拠】

≪4≫⑫ Менин оюмча интернеттин да, газета журналдардын да пайдасы бар.「私の意見ではインターネットも新聞、雑誌も役に立つ。」【意見の陳述】⑬ Ошондуктан, бул нерселерди токтотууга деле керек эмес деп ойлойм.「したがって、使用を禁止することは必要ではないと思う。」【意見の陳述】⑭ Анткени, интернеттер, массалык маалымат каражаттары келечекте, жашоого керек.「なぜならば、インターネットやマスメディアなどは将来我々の生活に必要だからである。」【論拠】

(KK02)

　上の例のように、形式段落が3段落以上から成る文章を「導入」「本論」「結び」に分け、事実と意見がどのように配置されているか、その構造を明らかにする。

　また、文章の冒頭文を分析の単位とし、冒頭文が主観と客観のどちらで始まっているか、書き手がどのように意見の表明を行っているかについて質的分析を行う。文章は、文章の冒頭、あるいは書き出しの展開において成立し、始発の表現が事実の叙述、もしくは書き手の見解を最初に述べるかという選択が必要とされる（市川 1971b; 若尾 1988）。岡本（2005）は説得において、言語ス

40

タイルに基づくメッセージの印象が、読み手の意見の受け入れ態度や、情報源の印象、メッセージを理解しようとする意欲にかかわり、説得に影響する可能性があると指摘している。バルト（2005）によれば、古典修辞学において、「序論」は、慎重に、控えめに、節度を持って始めなければならないものであるという。冒頭文は「序論」の中でも書き手が読み手と最初に接触する文であり、冒頭文で書き手がどのように書き始めるかは読み手の関心を引くための重要な要素であり、説得のストラテジーに大きく関係するものであると考えられる。

　冒頭文は、書き手と読み手が最初に接触する文である。説得を目的とする文章を書く作業において、書き手がこれから述べようとする内容について、どのように書きだすかは、文章構造に関わる重要な分析項目になりうると考える。

2. 分析結果

　分析の結果、4群における文章構成要素の出現数は、表9の通りであった。

表9　4群（KK、RR、KRK、KRR）の文章構成要素の出現総数

文章構成要素	KK	RR	KRK	KRR
意見の陳述	83 (26.9%)	143 (31.3%)	218 (35.0%)	206 (41.0%)
論拠	39 (12.6%)	80 (17.5%)	79 (12.7%)	54 (10.7%)
事実の報告	96 (31.1%)	125 (27.4%)	226 (36.3%)	177 (35.2%)
説明	75 (24.2%)	72 (15.8%)	65 (10.5%)	31 (6.2%)
問題提起	6 (1.9%)	11 (2.4%)	9 (1.4%)	26 (5.2%)
予告	9 (2.9%)	16 (3.5%)	19 (3.1%)	8 (1.6%)
仮定	1 (0.3%)	10 (2.2%)	6 (1.0%)	1 (0.2%)
本文の文の総数	309 (100%)	457 (100%)	622 (100%)	503 (100%)

　表9の構成要素数の偏りは、フィッシャーの直接確率検定の結果、4群全体において有意であった（$p < .05$）。さらに、有意であった4群に対し、ボンフ

ェローニ法による対比較を実施した結果、KK と RR 間、KK と KRK 間、KK と KRR 間、RR と KRK 間、RR と KRR 間、KRK と KRR 間において構成要素の分布に差が見られた（$p<.05$）。4 群で最も多く出現した構成要素に関して、KK は「事実の報告」、RR は「意見の陳述」、KRK は「事実の報告」、KRR では「意見の陳述」であった。

　意見文においては、事実と意見の書き分けが要点となる（巳野 1988）。そこで、事実と意見から成る構成要素が「導入」、「本論」、「結び」のどの段落に出現したのかを明らかにするため、形式段落が 3 段落以上の意見文を、「事実の報告」と「説明」から成る「事実・出来事の描写」と、「意見の陳述」と「論拠」から成る「書き手の意見陳述」の 2 つに分けて出現位置を探った。その結果を表 10 として示す。

表10　各段落における「事実と出来事の描写」と「書き手の意見陳述」の出現比率

段落	文章構成要素	KK	RR	KRK	KRR
導入	事実・出来事の描写	68 (85.0%)	56 (62.2%)	83 (58.5%)	63 (60.0%)
	書き手の意見陳述	12 (15.0%)	34 (37.8%)	59 (41.5%)	42 (40.0%)
本論	事実・出来事の描写	64 (59.8%)	91 (49.5%)	115 (51.6%)	60 (39.7%)
	書き手の意見陳述	43 (40.2%)	93 (50.5%)	108 (48.4%)	91 (60.3%)
結び	事実・出来事の描写	15 (30.6%)	22 (23.4%)	27 (24.8%)	11 (20.4%)
	書き手の意見陳述	34 (69.4%)	72 (76.6%)	82 (75.2%)	43 (79.6%)
	本文の文の総数	236 (100%)	368 (100%)	474 (100%)	310 (100%)

　「事実・出来事の描写」は、客観的な観点から事実や出来事を述べ、説明を行う「事実の報告」単独、もしくは「事実の報告」と「説明」の組み合わせから成る。「書き手の意見陳述」は書き手の主張や主張を支える理由を主観的に述べている「意見の陳述」単独、もしくは「意見の陳述」と「論拠」の組み合わせから成る単位である。「説明」と「論拠」はそれぞれ「事実の報告」と「意見の陳述」について理由や解説を加える要素であることから、書き手の客観的な観点と主観的な観点を強固にする要素であると判断した。組み合わせた文章については、それらの要素をもって 1 つの文章構成要素の単位と

して扱い、分析の対象になりうると判断し、分析を進めた。

　表10の出現比率について、フィッシャーの直接確率検定を行ったところ、4群全体において有意であった（$p < .001$）。さらに、ボンフェローニ法による対比較を実施した結果、KKとRR間、KKとKRK間、KKとKRR間において構成要素の分布に差があった（$p < .05$）。表10から、KK、RR、KRK、KRRの4群いずれも、「導入」においては、「事実・出来事の描写」の出現率が高い一方で、「結び」では「書き手の意見陳述」の出現率が高くなっている。このことから、4群すべてが「導入」においては客観的文章構成、「結び」では主観的文章構成がそれぞれ好まれ、文章の後半に向けて徐々に書き手の主観が強くなっていくスタイルであると考えられる。

2.1　キルギス語モノリンガルの事実と意見の配置に基づく文章構造

　KKの意見文の文章構成要素の出現数は表11の通りであった。

表11 キルギス語モノリンガル（KK）の文章構成要素の出現数

	番号	KK 01	KK 02	KK 03	KK 04	KK 05	KK 06	KK 07	KK 08	KK 09	KK 10
	段落数（平均3）	2	4	4	3	4	3	3	3	4	2
	意見の陳述	2	3	5	5	6	7	8	2	3	7
	論拠	3	3	1	1	6	1	3	2	4	2
	事実の報告	6	3	9	5	6	9	4	9	6	4
要素	説明	0	5	4	6	5	5	2	6	11	0
	問題提起	0	0	1	0	2	0	0	0	0	0
	予告	0	0	1	0	3	0	0	0	1	1
	仮定	0	0	0	1	0	0	0	0	0	0
	本文の文数（平均17.1）	11	14	21	18	28	22	17	19	25	14

	番号	KK 11	KK 12	KK 13	KK 14	KK 15	KK 16	KK 17	KK 18
	段落数（平均3）	3	4	2	3	2	1	3	4
	意見の陳述	2	2	5	8	8	4	4	2
	論拠	1	4	1	3	1	0	3	0
	事実の報告	7	4	2	5	6	3	3	5
要素	説明	6	6	0	4	1	2	5	7
	問題提起	2	0	0	0	0	1	0	0
	予告	0	0	0	1	1	1	0	0
	仮定	0	0	0	0	0	0	0	0
	本文の文数（平均17.1）	18	16	8	21	17	11	15	14

　表11から、個々の意見文に着目し、1つの意見文の中で最も多く用いられていた要素の順に意見文の数を並べると、「意見の陳述」を最も多く用いた意見文が6編、続いて「説明」を最も多く用いた意見文が6編であり、「事実の報告」を最も多く用いた意見文が5編、「意見の陳述・論拠・事実の報告」が同数で用いられた意見文が1編であった。

　図4は、KKで出現したキルギス語意見文の構造の例である。

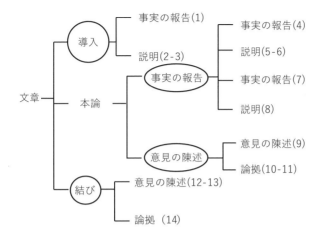

図4 KKの「説明」文章構造の例【KK02】

図4を見ると、KKは導入として「事実の報告」を提示し、本論の段落のまとまりとして、「事実の報告」と「意見の陳述」を組み合わせて書き手の意見を述べている。また、「事実の報告」としてその事実がいかなるものであるか、「説明」を加え、文章を構成している。

文章の「導入」の1文目の冒頭文に着目すると、KKの結果は表12の通りであった。

表12 キルギス語モノリンガル（KK）における冒頭文の構成要素

構成要素	事実の報告	意見の陳述	予告	問題提起
出現数	15 (83.3%)	1 (5.6%)	2 (11.1%)	0 (0%)

表12から、KKの意見文は書き手が「事実の報告」から書き出している意見文が多いことがわかる。それぞれの意見文での「事実の報告」の内容を見ると、キルギス語の人称代名詞一人称複数 биз（biz）「私達」が用いられており、書き手と読み手の社会常識を共有しようとされていると考えられる。

(1) Азыркы биз жашап жаткан 21 кылым технологиянын, интернетттин өнүккөн доору десек болот.

「現在、私達が生きている 21 世紀はテクノロジーやインターネットが発達した時代である。」 (KK02:1)

(2) Азыркы учурда маалымат алуу биз үчүн өтө жеңил.

「現在、私達にとって情報を得ることは非常に容易である。」

(KK17:1)

　また、一方で、同じ「事実の報告」ではあるが、キルギス語の人称代名詞一人称複数 биз（biz）「私達」を用いず、事実のみを提示している冒頭文も見られる。

(3) XXI-кылым илим техниканын кылымы.

「21 世紀は科学と技術の世紀である。」 (KK09:1)

(4) Азыркы заманда техника эң мыкты өнүгүп жана да көптөгөн бийиктиктерге кол жеткизип жатат.

「現代は技術が発達し、多くのことができるようになった。」 (KK18:1)

　これらの文は、書き手の社会的な常識を読み手に示している一方で、事実のみを提示しているため、書き手の常識と読み手の常識を一致させ、読み手と事実や出来事を共有しようとする姿勢が見られない。

　「予告」については、次の (5)、(6) のような例が確認された。

(5) Албетте!

「当然である」 (KK10:1)

(6) Чындыгында бул темалар адам баласын түйшөлтпөй койбойт.

「このテーマは人間について実に考えさせてくれる。」 (KK16:1)

　「予告」は、話題内容や方向付けを示すことであるが、上の文では、課題に対して書き手の立場のほのめかし (5) や課題に対する書き手の感想が述べ

られている（6）。これらの冒頭文では、書き手の立場が明確にされておらず、書き手の意見を述べ、出来事や事実を描写する文が配置されている。

2.2 ロシア語モノリンガルの事実と意見の配置に基づく文章構造

RR の意見文に出現した文章構成要素は表 13 の通りであった。

表13 ロシア語モノリンガル（RR）の文章構成要素の出現数

	番号	RR 01	RR 02	RR 03	RR 04	RR 05	RR 06	RR 07	RR 08	RR 09	RR 10
	段落数（平均3.5）	6	3	3	5	6	5	3	3	3	4
要素	意見の陳述	9	2	2	10	3	3	5	4	6	4
	論拠	6	3	0	9	2	4	2	5	4	1
	事実の報告	2	5	2	3	9	3	2	1	3	4
	説明	2	0	2	0	5	3	0	1	3	1
	問題提起	0	0	1	2	2	0	2	0	0	0
	予告	0	0	0	4	1	2	0	1	0	1
	仮定	0	0	1	0	2	3	0	1	0	1
	本文の文数（平均15.7）	19	10	8	28	24	18	11	13	16	12
	番号	RR 11	RR 12	RR 13	RR 14	RR 15	RR 16	RR 17	RR 18	RR 19	RR 20
	段落数（平均3.5）	3	3	6	3	1	4	5	3	3	2
要素	意見の陳述	6	4	6	4	4	6	3	4	6	6
	論拠	4	3	3	1	1	4	4	1	1	3
	事実の報告	12	3	3	5	6	4	7	7	4	1
	説明	6	2	2	5	5	2	5	0	4	0
	問題提起	0	0	0	0	1	1	0	0	0	0
	予告	4	0	0	0	0	0	0	0	0	0
	仮定	0	0	0	0	0	1	0	0	0	1
	本文の文数（平均15.7）	32	12	14	15	17	18	19	12	15	11

番号	RR 21	RR 22	RR 23	RR 24	RR 25	RR 26	RR 27	RR 28	RR 29
段落数（平均3.5）	3	3	1	1	3	5	5	4	3
要素 意見の陳述	5	4	1	3	4	7	12	5	5
論拠	2	4	0	3	0	2	3	3	2
事実の報告	4	3	8	2	7	6	2	5	2
説明	4	1	9	0	1	3	1	5	0
問題提起	0	0	0	0	1	0	0	1	0
予告	0	0	2	0	0	1	0	0	0
仮定	0	0	0	0	0	0	0	0	0
本文の文数（平均15.7）	15	12	20	8	13	19	18	19	9

表13を見ると、個々の意見文において、RRの1つの意見文の中で最も多く用いられていた要素に着目すると、「意見の陳述」が最も多く用いられていた意見文が13編、続いて「事実の報告」が最も用いられていた意見文が7編、「論拠」が最も多く用いられている意見文が2編、「意見の陳述」および「論拠」がともに最も多く用いられた意見文が2編、その他にも「説明」が1編、「意見の陳述・事実の報告」1編、「事実の報告・説明」1編、「意見の陳述・論拠・事実の報告」1編、「意見の陳述・事実の報告・説明」1編であった。

RRのツリーの階層構造からみた意見文の例として図5を挙げる。

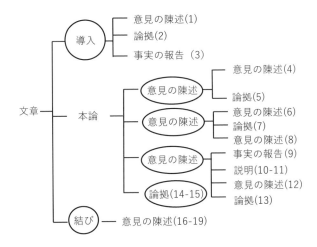

図5 RRの「意見の陳述」文章構造の例【RR01】

図5では、導入で「意見の陳述」を提示し、本論で3つの段落からなる「意見の陳述」を述べ、本論の最後で意見の陳述の説明となる「論拠」が提示されている。

RRの意見文の「導入」の冒頭文は、表14の通りであった。

表14 ロシア語モノリンガル(RR)における冒頭文の構成要素

構成要素	事実の報告	意見の陳述	予告	問題提起
出現数	16 (55.2%)	12 (41.4%)	1 (3.4%)	0 (0%)

「事実の報告」については、KKのように、人称代名詞一人称複数 мы (my)「私達」の使用や、所有代名詞 наш (nash)「私達の」が確認されるとともに、一人称複数代名詞を用いず、書き手の常識を示すような文が冒頭で確認された。

また、RRの冒頭文では、権威ある人物を引用することによる主張が確認された。これはKKでは見られなかったものである。

(7) Второе десятилетие <u>многие эксперты</u> твердят о смерти печатных СМИ: мол

第4章 事実と意見の配置に基づく文章構造　49

реклама в интернете забирает основные доходы газет и журналов.

「多くの専門家はもう 20 年も前から「印刷媒体は消滅する。インターネットでの広告が新聞と雑誌の主な収入を奪い取っている」と何度も繰り返している。」

(RR22:1)

例（7）では下線部「多くの専門家（многие эксперты（mnogie eksperty））」を用いて、書き手個人の意見や主張ではなく、権威が高いと考えられる人物からの情報であることを示している。このように、「事実の報告」として、書き手の社会常識ではなく、専門家の主張を引用することで、文章の冒頭での書き手の意見文に客観性を持たせようとしていることがわかる。

RR の意見文の冒頭文では、「意見の陳述」について、次のような例が確認された。

(8) По-моему мнению в интернете не вся информация достоверна и точна.

「私の意見ではインターネット上における全ての情報は確認された、確かな情報とは言えない。」

(RR04:1)

(9) Я думаю что в будущем нам не нужны будут газеты или журналы, потому что у каждого будет доступ к интернету.

「私は、将来皆がインターネットにアクセスできるようになり、我々には新聞と雑誌が要らなくなると思う。」

(RR24:1)

(8)、(9) のように、по-моему мнению (po moemu mneniyu)「私の意見では〜。」や я думаю (ya dumayu)「私は〜と思う。」といった言語形式を用い、書き手の意見を前面に出す「意見の陳述」が見られた。また、(10) のように、人称代名詞一人称複数 мы（my）「私達」を用いている例も確認された。

(10) В век информационных технологий мы должны понимать и осознавать что газеты и журналы теряют свою необходимость.

「情報技術の時代おいて、新聞と雑誌の必要性が無くなっていくことを私達が理解し、意識しなければならない。」

(RR12:1)

例（10）のように、人称代名詞一人称複数 мы（my）を用いることで、書き手だけではなく読み手も同じ立場に立たせ、書き手の意見を主張している冒頭文も確認された。

2.3 キルギス語・ロシア語バイリンガル（キルギス語優位）の事実と意見の配置に基づく文章構造

KRK の意見文で出現した文章構成要素は表 15 の通りである。

表15 キルギス語・ロシア語バイリンガル（キルギス語優位）（KRK）の文章構成要素の出現数

番号		KRK 01	KRK 02	KRK 03	KRK 04	KRK 05	KRK 06	KRK 07	KRK 08	KRK 09	KRK 10
段落数（平均3.4）		6	3	3	4	2	5	3	4	3	4
要素	意見の陳述	3	7	1	7	4	3	5	6	8	3
	論拠	2	2	0	3	1	1	3	9	5	2
	事実の報告	6	4	4	7	9	3	2	2	2	8
	説明	5	2	2	0	3	1	2	0	0	3
	問題提起	0	0	0	2	0	2	0	0	0	0
	予告	0	0	0	2	0	2	1	3	0	1
	仮定	0	0	0	0	0	0	0	0	0	1
本文の文数（平均16.7）		16	15	7	21	17	12	14	20	15	18
番号		KRK 11	KRK 12	KRK 13	KRK 14	KRK 15	KRK 16	KRK 17	KRK 18	KRK 19	KRK 20
段落数（平均3.4）		3	4	5	1	4	4	3	3	1	4
要素	意見の陳述	5	10	7	8	3	5	5	4	7	7
	論拠	3	2	0	2	2	0	2	2	1	3
	事実の報告	2	5	13	5	8	5	9	10	8	5
	説明	2	1	0	6	2	1	0	0	1	3
	問題提起	0	0	0	0	0	0	0	0	0	0
	予告	1	1	0	0	0	0	0	0	0	0
	仮定	0	1	0	0	1	0	0	0	0	0
本文の文数（平均16.7）		13	20	20	21	16	11	16	16	17	18

番号	KRK 21	KRK 22	KRK 23	KRK 24	KRK 25	KRK 26	KRK 27	KRK 28	KRK 29	KRK 30
段落数（平均3.4）	3	5	2	4	3	3	4	5	4	3
要素　意見の陳述	9	4	8	6	3	7	7	4	6	4
論拠	0	3	4	3	0	3	3	3	2	2
事実の報告	8	5	5	1	12	12	5	5	7	3
説明	2	1	0	0	5	0	1	2	0	1
問題提起	0	0	0	0	0	0	0	1	0	1
予告	0	0	0	0	1	1	1	0	0	2
仮定	0	0	0	0	0	1	0	0	0	0
本文の文数（平均16.7）	19	13	17	10	21	24	17	15	15	13

番号	KRK 31	KRK 32	KRK 33	KRK 34	KRK 35	KRK 36	KRK 37
段落数（平均3.4）	2	6	3	3	2	5	3
要素　意見の陳述	6	5	10	9	6	5	11
論拠	1	1	2	2	1	1	3
事実の報告	10	5	3	9	9	6	4
説明	5	1	0	3	5	5	0
問題提起	1	0	0	0	0	0	1
予告	2	0	0	0	0	0	1
仮定	0	1	0	1	0	0	0
本文の文数（平均16.7）	25	13	15	24	21	17	20

　表15の個々の意見文において、KRKの1つの意見文の中で最も多く用いられていた要素に着目すると、「事実の報告」が最も多く使用されていた意見文が18編、次に「意見の陳述」が最も多く用いられていた意見文13編、「意見の陳述・事実の報告」の2つの要素が同数出現した意見文が5編、そして「論拠」が最も用いられていた意見文が1編であった。

　KRKのツリーの文章階層構造からみた例として図6を挙げる。

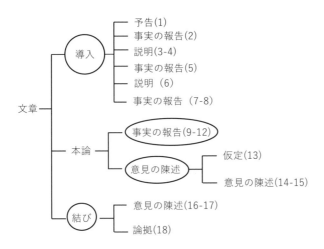

図6 KRK「事実の報告」文章構造の例【KRK10】

図6から、「導入」としては「予告」をし、「事実の報告」と「説明」を組み合わせていることがわかる。「本論」は「事実の報告」と、「仮定」を加えた「意見の陳述」から構成し、「結び」で書き手自身の意見を述べるとともに、その根拠となる「論拠」をもって構成している。

KRKにおける冒頭文における文章構成要素は、表16の通りである。

表16 キルギス語・ロシア語バイリンガル（キルギス語優位）（KRK）における冒頭文の構成要素

構成要素	事実の報告	意見の陳述	予告	問題提起
出現数	26 (70.3%)	6 (16.2%)	4 (10.8%)	1 (2.7%)

KRKの意見文の冒頭文では「事実の報告」が多く、「意見の陳述」、「予告」の順に出現していることが明らかになった。

(11) Азыркы учурда көбүнчө жаштар интернетти пайдаланышат.
　　「現在、大多数の若者がインターネットを使用している。」

(KRK04:1)

(12) Биз баарыбыз билгендей эле азыркы заманда баардык адамдар – жаштарбы каарыларбы маалымат кызматтарын колдонушат.

「私達は皆が知っているように現代人は老若男女問わず、マスメディアを
利用している。」
(KRK36:1)

　KK と同様に、人称代名詞の一人称複数 биз (biz)「私達」を用いて、書き手と読み手の社会常識を共有しようとしており (12)、人称代名詞を用いず、書き手の知りうる事実を提示している文が冒頭に見られた (11)。
　KRK の「意見の陳述」については、次のような例が確認された。

(13) Менин оюм, интернет чыгып элдин жашоосуна терс таасирин тийгизип жатат дегенден алысмын.

「私の意見では、インターネットが人々の生活に悪い影響を与えていることは決してない。」
(KRK12:1)

(14) Азыркы заманды интернетсиз элестетүүгө мүмкүн эмес деп ойлойм.

「インターネットの無い現在の世界を想像することは不可能だと考える。」
(KRK19:1)

　言語形式としては、менин оюм (menin oyum)「私の意見では～。」や ойло (oilo)「考える」といった表現が用いられ、冒頭において明確に書き手の立場を示す「意見の陳述」が行われている。また、同じキルギス語意見文である KK の意見文では見られなかった例も KRK 意見文では見られた。具体的には「予告」として、саламатсыздарбы. (salamatsïzdarbï.)「こんにちは。」が用いられ、不特定多数への敬意を示している。出現した4例とも、「саламатсыздарбы. (salamatsïzdarbï.)→意見の陳述」という構成だったことから、このような表現によって書き手の意見表明が和らげられていると考えられる。Corbett and Connors (1999) によると、文章の導入部の役割は、読み手に文章の目的を知らせることと、読み手が、書き手が述べることを受け入れるようにすることであるという。Corbett and Connors (1999) から、冒頭文で不特定多数への挨

挨拶表現 саламатсыздарбы. (salamatsïzdarbï.) を用いることで、書き手が冒頭文以降で述べる主張に対して、読み手に受け入れられやすくするねらいがあると考えられる。

2.4 キルギス語・ロシア語バイリンガル（ロシア語優位）の事実と意見の配置に基づく文章構造

KRR の意見文において出現した文章構成要素は表 17 の通りである。

表17 キルギス語・ロシア語バイリンガル（ロシア語優位）（KRR）の文章構成要素の出現数

	番号	KRR 01	KRR 02	KRR 03	KRR 04	KRR 05	KRR 06	KRR 07	KRR 08	KRR 09	KRR 10
段落数（平均3.4）		3	3	1	4	3	8	5	3	2	4
要素	意見の陳述	8	8	14	8	8	9	5	4	6	4
	論拠	0	2	2	0	5	4	0	0	3	1
	事実の報告	10	5	8	7	9	4	7	4	7	10
	説明	2	1	2	1	1	1	1	0	0	1
	問題提起	0	1	2	0	1	0	0	1	0	4
	予告	0	0	0	0	0	0	0	0	1	0
	仮定	0	0	0	0	1	0	0	0	0	0
本文の文数（平均17.9）		20	17	28	16	25	19	13	9	17	20
	番号	KRR 11	KRR 12	KRR 13	KRR 14	KRR 15	KRR 16	KRR 17	KRR 18	KRR 19	KRR 20
段落数（平均3.4）		2	3	2	2	3	2	5	3	6	1
要素	意見の陳述	4	8	5	9	4	7	4	4	11	7
	論拠	2	0	1	4	2	3	1	2	5	2
	事実の報告	6	4	9	2	6	3	3	10	8	3
	説明	5	0	1	0	2	0	2	3	2	0
	問題提起	0	0	1	0	1	1	0	1	5	0
	予告	0	0	0	0	0	0	2	0	1	0
	仮定	0	0	0	0	0	0	0	0	0	0
本文の文数（平均17.9）		17	12	17	15	15	16	10	20	32	12

第4章　事実と意見の配置に基づく文章構造　55

番号		KRR 21	KRR 22	KRR 23	KRR 24	KRR 25	KRR 26	KRR 27	KRR 28
段落数（平均3.4）		5	6	6	5	3	3	1	2
要素	意見の陳述	4	11	13	13	8	7	9	4
	論拠	0	3	4	3	2	1	2	0
	事実の報告	10	0	6	3	4	4	12	13
	説明	1	0	0	0	2	0	0	3
	問題提起	1	0	4	3	0	0	0	0
	予告	1	0	0	0	0	1	1	0
	仮定	0	0	0	0	0	0	0	0
本文の文数（平均17.9）		17	14	27	22	16	13	24	20

　表17から、KRRの1つの意見文の中で最も多く用いられていた要素に着目すると、「意見の陳述」を最も多く用いた意見文が15編と最多であり、続いて「事実の報告」が最も用いられていた意見文が12編、「意見の陳述」および「事実の報告」の2つの要素が同数出現した意見文が1編であった。

　KRRのツリーの文章階層構造の意見文の例を図7に示す。

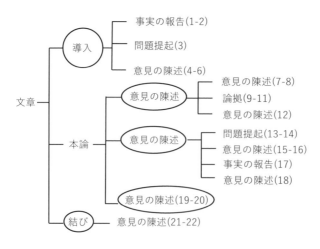

図7　KRRの「意見の陳述」文章構造の例【KRR24】

図7のKKRは、「導入」で「事実の報告」から「問題提起」をし、「意見の陳述」を行っている。「本論」では、3つの段落からなる「意見の陳述」を行っており、「論拠」や「問題提起」「事実の報告」を交えながら構成している。「結び」は書き手自身の主張である「意見の陳述」を置き、文章をまとめている。

KRRの冒頭文でのツリーの構成要素は表18の通りである。

表18 キルギス語・ロシア語バイリンガル(ロシア語優位)(KRR)における冒頭文の構成要素

構成要素	事実の報告	意見の陳述	予告	問題提起
出現数	14 (50%)	14 (50%)	0 (0%)	0 (0%)

KRRの意見文の導入における一文目では、「意見の陳述」と「事実の報告」が同数で出現した。「事実の報告」については、RRと同様に、人称代名詞の一人称複数 мы (my)「私達」の使用や所有代名詞 наш (nash)「私達の」が確認されるとともに、一人称複数代名詞を用いず、書き手の常識を示すような文が冒頭で確認された。

(15) На сегодняшний день интернет есть в каждом доме.

「今日、すべての家庭にインターネットがある。」　　　　　　(KRR15:1)

(16) В наше время интернет имеет огромное влияние на человека.

「私達の時代において、インターネットは人々に大きな影響を与えている。」　　　　　　　　　　　　　　　　　　　　　　(KRR28:1)

また、「意見の陳述」についても、RRと同様に、по моему мнению (po moemu mneniyu)「私の意見では〜。」や я думаю (ya dumayu)「私は〜と思う。」といった言語形式を用い、書き手の意見を前面に出している。

(17) По моему мнению несмотря на то что есть доступ к интернету по любому надо читать газеты и журналы.

「私の意見では、インターネットへのアクセスがある無しに関わらず、新
聞や雑誌も読まなければならない。」 （KRR09:1）

(18) Я думаю что и интернет и газеты важны в наше время.
「私達の時代において、インターネットも新聞も重要だと私は思う。」
（KRR25:1）

　しかしながら、KRR では、同じロシア語意見文である RR の冒頭文で見ら
れた「多くの専門家（многие эксперты（mnogie eksperty））」（RR22:1）のような権威あ
る人物の発言等の引用は見られなかった。

3. 考察

　本研究では、「事実と意見の配置に基づく文章構造」の観点から、KK、RR、
KRK、KRR の 4 群の文章構造を分析した。改めて、4.2 節で得られた結果を
まとめておく。第一に、4 群全体に共通する傾向としては、「導入」において
事実や出来事に基づく客観による構成が多く見られ、「結び」になると書き手
の意見や論拠から成る主観による構成が見られた。第二に、キルギス語、ロ
シア語ともに、第一言語の影響が強いことが考えられるが、KRK においては、
ロシア語の影響が考えられ、同じキルギス語意見文である KK とは異なる文
章構成が見られた。第三に、「事実と出来事の描写」と「書き手の意見の陳
述」の出現比率に偏りが見られ、バイリンガル（KRK、KRR）の意見文におい
てはロシア語の優位性が高いことが示唆された。
　文章構造には学校教育との関連が指摘されているため（西條 2019b）、第一言
語としての「キルギス語」「ロシア語」教育の教科書を分析し、本研究の結果
との比較を試みる。教科書の選定は、キルギス国内で出版された「2020-21 年
度教育科学省推薦教科書一覧」（Minobrnauki KR 2020）掲載教科書で、説得を目
的とする文章の学習単元がある「キルギス語」8 年生（Imanov et al. 2016）、「ロ
シア語」6 年生の教科書とした（Breusenko et al. 2019）。
　キルギス語教科書については、意見や考えを述べる文章の構造として帰納
法と演繹法の 2 種類があり、さらに演繹法には「テーゼ」「論拠（論証と事実）」

「結論」の 3 段論法がある（Imanov et al. 2016）。本研究における KK と KRK の意見文には、徐々に書き手の意見が出現しながら結論に導く傾向が見られたため、帰納法を用いて事実や出来事を提示しながら、書き手の結論に導く意見文であったと考えられる。

　一方、ロシア語教科書について、6 年生の教科書（Breusenko et al. 2019）では、ロシア語における意見や考えを述べる文章の構造として「テーゼ」「根拠」「結論」の 3 段論法が挙げられており、根拠の組立てには書き手自身の言葉もしくは、著名な人物や明確な情報源からの引用が重要であるとされる（Breusenko et al. 2019）。本研究においては意見文の導入で意見を述べる文章が少なく、教科書で示されている文章構造とは異なる結果であった。しかしながら、RR、KRR の冒頭文には「意見の陳述」が出現しており、文章の最初に書き手の意見を表明し、演繹的に意見文をまとめようとしているものも見られた。

　第一言語の教科書の分析から、キルギス語教科書については、本調査で見られた文章構造が教科書に記載されていることが確認されたが、ロシア語教科書については、明確な文章構造の使用の傾向は見られなかった。その要因として、キルギス語教授学校においても、ロシア語教授学校においても、第二言語としてキルギス語、もしくはロシア語を学習することからも、第二言語の枠組みを使用したという可能性が考えられる。西條（2019a）では、キルギス語教授学校出身者は、書く時に使用する言語と思考するときの言語が異なっており、産出する言語と書き手の思考言語に差異が生じる場合があることが示唆されている。

　分析の過程で、書き手の事実と意見の言語形式には人称代名詞が関連しており、人称代名詞の使用には、書き手が想定する書き手と読み手の関係性が影響を及ぼしていることが示唆された。書き手の意見の述べ方には、ポライトネスが関連し、説得効果に影響を与える可能性があり（岡本 2005）、書き手が同じ趣旨の主張をしていても、用いる言語形式によっては、説得効果を高めることや、読み手へのフェイス侵害行為に捉えられ、逆に阻害する要因になりうる。そこで、文章の冒頭文について本研究で得られた知見を Brown and Levinson（1987）のポライトネス理論の観点から考察をしていくこととする。Brown and Levinson（1987）のポライトネス理論を用いる理由としては、ポラ

イトネスが文章の読み手に対する配慮を扱う分析項目であり（石黒 2017）、書き手が意見文で用いている人称代名詞について、一人称代名詞や二人称における親称代名詞と敬称代名詞の書き分け等から書き手と読み手の対人関係を明らかにすることが可能となると考えられるためである。

　4群に共通して「事実の報告」で見られた人称代名詞や所有代名詞の使用については、書き手と読み手を同じ視点に置き、読み手と書き手が共通認識を有していることをアピールし、読み手のポジティブ・フェイスに配慮していることが窺える。一方で、人称代名詞一人称複数を用いない場合は、書き手の社会常識を一方的に提示し、読み手と異なる立場の事実や出来事を提示する可能性もあり、読み手へのネガティブ・フェイスを侵害するフェイス侵害行為になりうると考えられる。「意見の陳述」においては、ロシア語意見文でRRやKRRで明確に書き手の意見を示す例が確認され、書き手が読み手のフェイスに関係なく、書き手としての立場を明確に示している。書き手の意見を冒頭に述べておくことで、文章全体の書き手の立場を示し、文章の目的を読み手に伝えているとも考えられる。

　しかしながら、書き手と読み手の意見や立場が異なれば、読み手へのフェイス侵害行為になり、文章全体に対する印象にもつながり、冒頭文の後で、書き手が読み手に対してどのようなアプローチをとり、読み手の納得を得ながら説得をしていくのかが重要になってくるであろう。KRKにおいては冒頭文で挨拶表現を用い、読み手に対する敬意を示し、書き手の意見を和らげていることも考えられる。柳澤（2004）は、弁論において、最も話者が警戒すべき要素は聴衆が話者に対して持っている先入観であり、弁論への抵抗として強く作用し、書き言葉の場合においても同様であると述べている。このことから、KRKの意見文においては、読み手の何らかの先入観を和らげる方法として挨拶を用いていることも考えられる。

　先入観は、書き手が属している集団、書き手の立場や身分等から簡単に作られることからも（柳澤 2004）、説得を目的とした文章において、書き手の言語の論理や、言語教育だけではなく、書き手の所属する社会も関わり、文章構造に影響を及ぼしていることが考えられる。

　最後に、本研究の結果をモノリンガルとバイリンガルが混在する地域にお

ける言語と社会の関連から考えていく。キルギスにおける言語使用を見れば、出身教授学校によって接触言語が異なることから、キルギス語話者はキルギス語とロシア語の二言語、ロシア語話者はほぼロシア語のみに接触しており（西條 2019a）、社会的な実用性からキルギス語が劣位、ロシア語が優位であり、二者間で日常的に接する言語や集団に差異がある。他の旧ソ連諸国と同様に、基幹民族言語（キルギス語）とロシア語に対する価値観が異なることからも（小田桐 2015; 堀口 2018）、日常的に接する言語や集団の差異が書く行為に影響を及ぼしているとも考えられる。本研究では、読み手を「書き手と同じ世代のキルギスの大学生」と設定したが、書き手が想定する読み手が異なり、キルギス語話者 KK と KRK はキルギス語話者とロシア語話者の二者、ロシア語話者 RR と KRR はロシア語話者の読み手を想定し、文章を書き進めた可能性がある。そのように仮定すれば、KK と KRK は、共通認識が異なるキルギス語とロシア語話者の両方の立場から説得するストラテジーを用いなければならない。共通認識は各文化に特有なものであり、普遍的真理であることが多い（リース 2014）。モノリンガルとバイリンガルが混在する地域においても共通認識が異なるため、意見の述べ方の選択が難しく、読み手に配慮せざるを得ないストラテジーを選択しているということも考えられる。

［注］

1 ── 文章構成要素への分類の過程で、「事実の報告」「説明」から成る「事実・出来事の描写」と「意見の陳述」「論拠」から成る「書き手の意見陳述」の分類を行った。事実を書き手が書き手の都合よく解釈した陳述（例えば、Ойлонуп көрсөк азыр көптөгөн акчанын баары ушул жака кетет.「よく考えてみると、大きな金額がどこかに消えている。」（KK08:6）のような文が挙げられる。）に関しては「事実・出来事の描写」であり、「書き手の意見陳述」のどちらにも捉えることも可能であることも考えられる。本研究では、これらの文については、書き手が事実を語る態度を見せ、書き手の解釈を加えた事実であるとし、「事実・出来事の描写」として分類した。

第 5 章 エートスと議論の型

　本章では、KK、RR、KRK、KRR の 4 群を対象に実施した意見文課題に基づく作文調査の結果を、Connor and Lauer（1985）及び Biber et al.（2007）の「信頼性のアピール」と Weaver（1970）の「議論の型」を参考にした「エートスと議論の型」の観点から分析した結果について述べる。まず、1 節では分析方法を提示し、2 節にて KK、RR、KRK、KRR の 4 群の意見文調査の分析結果を述べる。3 節では分析結果をもとに考察する。

1. 分析方法

　本研究では、書き手が説得に至るための過程として読み手の信頼性を得るために、エートスをどのような立論形式で述べるかを検証するため、「エートスと議論の型」に着目し、KK、RR、KRK、KRR の 4 群の意見文を分析する。
　「エートス」の分析の枠組みと判断基準については、Connor and Lauer（1985）及び Biber et al.（2007）の「説得的アピール」における「信頼性のアピール」を参考に、「書き手の直接的体験」「書き手の読み手への関心と視点に対する敬意」「書き手と読み手が共有する関心と視点」「書き手の性格の良さ、判断力」を指標とする。それぞれの定義を表 19 に示す。

表19　エートスの種類と定義

エートス	定義
書き手の直接的体験	テーマに関する書き手の直接的経験、もしくは何らかの権威を示す情報を提供するもの
書き手の読み手への関心と視点に対する敬意	書き手の読み手への関心と視点に対する敬意を示すもの
書き手と読み手が共有する関心と視点	書き手と読み手が共有する関心と視点を示すもの
書き手の性格の良さ、もしくは判断力	書き手の性格の良さ、もしくは判断力を示すもの

（Connnor and Lauer（1985）及び Biber et al.（2007）を参考に筆者が作成）

　「議論の型」の分析については、表 20 の通り、Weaver（1970）の〈状況（circumstance）〉〈因果関係（cause and effect）〉〈類似（similitude）〉〈定義（definition）〉の 4 つの「議論の型」に基づく考察を行った。

表20　議論の型の種類と定義

議論の型	定義
定義	「AはBである」という定義を原理とする立論
類似	同じ条件下にあるものは同様に扱われるべきだという立論（たとえによる立論も含む）
因果関係	因果関係を根拠とする立論
状況	「事態がこうなっているから、これ以外に選ぶ選択肢がない」という発想を原理とする立論

（Weaver（1970）及び柳澤（2006）を参考に筆者が作成）

2. 分析結果

2.1　キルギス語モノリンガルのエートスと議論の型

　KK の「エートス」に関しては、「書き手の直接的体験」「書き手と読み手が共有する関心と視点」の 2 点が見られた。それぞれ例を示し、結果を報告する。なお、文頭の数字は作文内での通しの文番号、例末尾の（　）は書き手の所属群、回答者番号を表す。

1点目の「書き手の直接的体験」としては、(19)、(20) のような例が挙げられる。

(19)

⑳ Окуучуларды караңыздарчы!「小学生を見て欲しい。」㉑ Кичинекей 1-2-3-класстын окуучулары өздөрү кичинекей болуп алып өзүнөн 2 эсе чоң китеп баштыгын көтөрүп алат.「1、2、3 年生の小さな小学生が、自分達よりも 2 倍は大きな鞄に本を入れて背負っている。」

(KK05)

(19) では、書き手が経験した、もしくは目の当たりにしたキルギスの学校教育における生徒の状況に関する体験が挙げられている。

また、(20) は、以下の例のように、インターネット無しの生活は考えられないという現代社会の状況と、インターネット接続にかかる費用を説明している。

(20)

④ Биз азыр жашоону интернетсиз элестете албайбыз.「私達は今インターネット無しの生活を想像することができない。」⑤ Мындайча айтканда "телефонумда бирдик постоянно болсун".「言い換えれば、いつも電話を通じてインターネットに繋がったままいるのである。」⑥ Ойлонуп көрсөк азыр көптөгөн акчанын баары ушул жака кетет.「よく考えてみると、大きな金額がどこかに消えている。」⑦ Бир үй-бүлөдө жок дегенде бир киши бирдик үчүн айына 500 сом кетирет.「家族内で一人あたり少なくとも月 500 ソムかかる。」⑧ Ошол акча га башка нерсе алса деле болот.「そのお金があれば、他の何かを買うことができる。」⑨ Бирок биз аны бирдик үчүн коротобуз.「しかし、私達は携帯電話に使っている。」

(KK08)

この例では、書き手自身を含む家族の習慣を示し、読み手の書き手への信頼性を高める効果を得ようとしていると考えられる。

(19)、(20) のエートスを議論の型との関連から考えると、いずれの例も

書き手が実際に経験、もしくは経験したものであることから〈状況〉を用いた立論形式であり、書き手の主観性をなるべく抑えて、議論を展開していることがわかる。

2点目の「書き手と読み手が共有する関心と視点」については、次の（21）、（22）、（23）、（24）のような例が挙げられる。

（21）は、「インターネットの普及に伴い新聞や雑誌などが読まれなくなったとは思わない。」という主張の根拠として、キルギス語の「5本の指は同じではない」という諺を用いて人々の習慣の多様性について述べている。

(21)

⑨Ал эми интернеттин көбөйүшү, газета,журналдардын окулбай калышына себеп экенине кошулбайм.「インターネットの普及が、新聞や雑誌などが読まれなくなった理由だとは思わない。」⑩Анткени, "беш кол тең эмес" дегендей кээ бир адамга тактап айтканда үйдө отурган адамдар газета, журналдардан жаңылыктарды окуганды жакшы көрүшөт, талап кылышат.「なぜならば、「五本の指は同じではない」と言われるように、特に毎日家で過ごす人々にとっては、ニュースを新聞や雑誌から読むのが好きかもしれない。」

(KK02)

この（21）の例からわかるように、書き手と読み手の言語文化的背景で共通するキルギス語の諺や格言を「エートス」としながら、理由が述べられている。

さらに、（22）はソビエト時代のキルギスの社会状況を「エートス」として提示している。（22）は「科学技術の発達により現代社会は便利になった」という主張を、ソ連時代やそれ以前の科学技術の発達状況というトピックの「エートス」を理由として用いて意見を展開している。

(22)

④Мисал келтирсек, илгери СССР убагы, деги эле мурунку заманды карап көрсөк, бардыгы башкача эле.「例えば、昔のソ連時代、あるいはそれ以前の時代を見てみると全てが違っていた。」⑤Мисал келтирсек, илгери СССР убагы, деги эле мурунку заманды карап көрсөк, бардыгы башкача эле.「例えば、昔のソ連時代、あるいはそれより遡って過去の時代を見てみると全てが異なっていた。」⑥ Жумуш кылбаган, бекерчи бир да кишини көрбөйсүң.「（君は）一人も怠惰な人を見ない。」⑦ Ар бири адал эмгек кылып жашашкан.「皆が正しく、許可された仕事のみをしていた。」⑧ Андан да бардыгы арзан, жөнөкөй, бардыгы өзүңдүн колуңдан чыгат.「そしてすべてのものは値段が安く、シンプルで、自分で作っていた。」⑨ Бирок, ошондой болсо да, азыркы заманга салыштырмалуу бир кыйла оор эле.「しかし、今の時代と比べれば相当困難であった。」⑩ Анткени, ал убакта интернет жок эле.「なぜならば、昔はインターネットが無かったからである。」

(KK11)

　このように、書き手は、ソビエト時代のキルギスを例として示すことで、読み手と過去から現代の歴史的な流れを共有している。文⑥は、文中では主語が省略されているが、動詞 көр（kör）「見る」の語幹の後に、二人称親称単数の сен（sen）の現在時制の否定形 бөйсүң（böysüng）がある（Mamytova 2014）ことから、文の主語が二人称親称単数の сен（sen）であることがわかる。このことから、書き手がソビエト時代の人々の様子について読み手に想起させながら、視点を共有しようとしていることが考えられる。

　また、（22）と同様に、（23）では、書き手が二人称代名詞親称単数の сен（sen）を用いて、書き手がインターネットの利点について読み手と共有しようとしていると考えられる。

（23）

　① Ооба, азыркы учурда баардык адамдар интернет колдонуп калышпадыбы.「確かに、現在は皆がインターネットを使うようになった。」② Бул да болсо замандын өнүккөнү деп билем.「これは時代が発展していることのおかげによるものだと思う。」③ Биз интернеттен көптөгөн маалымат ала алабыз десем жаңылышпайм.「私達はインターネットから多くの情報を入手することができると言える。」④ М: сайттарга кирип онлайн китеп окусаң болот, алыскы жакын адамдар менен сүйлөшүп көрсөн болот мен ойлойм интернеттин көп эле пайдасы бар деп.「例えば、

（君は）ウェブサイトにアクセスしてオンラインで本を読むことができ、遠くにいる親しい人が連絡を取れる等、私は、インターネットは利点が多いと思う。」

（KK13）

　しかし、文④の文中では、二人称代名詞は省略されている。Tokubek uulu（2009）を参考にすると、文④の下線部は、動詞 оку（oku）「読む」の語幹と接尾辞 ca（sa）に人称接尾辞（ң（ng））であることから下線部を含む文の主語は сен（sen）であることがわかる。二人称代名詞親称 сен（sen）は、一般的に「同等」「目下」の相手に用いられ、「目上」の相手には憚られる表現であるため、書き手は読み手と心的距離を接近しながらも読み手への直接的な言語形式を避けようとした可能性がある。

　（24）は、読み手に現代のキルギスで発行されている新聞の内容の質の問題を主張している。

（24）

⑭ Ал жерде кыргыз жылдыздары жөнүндө маалымат, же болбосо бир күндүн ичиндеги болгон окуяларды жарыялайт бул ушак же болбосо жөн эле убакыттын кеткендиги деп эсептейм.「キルギスの芸能人についてのゴシップや一日に起きたイベントについて報道されるが、これは単なる噂話で、時間を浪費する内容であると考える。」⑮ Газета, журнал бул деле китеп сыяктуу муундарга пайдалуу информация берип, кийинки мезгилде архив катары калуусуна шарт түзүш керек.「新聞や雑誌などは本のように、皆の役に立つ情報を発信し、後に大切な資料として残されるようにしなければならない。」⑯ Мисалга алсак, "Супер инфо" газетасы жөн гана ушак жана бекерпоздор үчүн арналагн газета деп эсептейм.「例えば、新聞「スーパー・インフォ」は噂好きな人や怠け者のために発行されていると思う。」⑰ Ал эч качан кыргыз тарыхында, архивде калбайт.「この新聞はキルギスの歴史とアーカイブに残ることにはならない。」

⑱ Ушундан улам жакшы газета журналдар жок болуп баратканы ушундан.「このようなことから良い新聞や雑誌などが無くなっている理由であるとも言える。」

（KK14）

（24）は、読み手が同じキルギスの学生ということを生かし、文⑯の下線部で実在する新聞 "Супер инфо"（Super info）を挙げ、書き手と同じ読み手の文化的背景を利用し、説得しようとしていると推測される。

（21）、（22）、（23）、（24）で出現したエートスを議論の型から分析する。（21）は「インターネットの普及に伴い新聞や雑誌などが読まれなくなったとは思わない。」という意見を提示し、キルギス語の諺から、毎日家で過ごす人々の〈状況〉を例に出し、意見を展開している。（22）はソビエト時代の社会状況という点からも〈状況〉を使った説得的言論を試みている。（23）は読み手の生活を想定し例を挙げ、二人称親称を用いてインターネットの利点を示している。（24）はキルギスの新聞「スーパー・インフォ」を例として挙げ、このジャンルの新聞は時間の浪費であることを示そうとしている。これらの例は Weaver（1970）の〈類似〉に相当する。

KK の意見文におけるエートスと議論の型の関連としては、「書き手の直接的経験」を用いたエートスには〈状況〉の議論の型が好まれて使われており、書き手の主観性をなるべく抑えようとしていることがわかる。一方で、「書き手と読み手が共有する関心と視点」のエートスについては、〈状況〉と〈類似〉の議論の型の出現が確認された。特に、〈類似〉は書き手の主観によって類似点を発見するものであり（柳澤 2006）、〈状況〉の議論の型とは性質が異なる議論の型である。

2.2 ロシア語モノリンガルのエートスと議論の型

RR の「エートス」としては、「書き手の直接的体験」「書き手と読み手が共有する関心と視点」「書き手の性格の良さ、判断力」の 3 点が見られた。RR の「エートスと議論の型」は次の通りである。

1 点目の「書き手自身の直接的体験」の例として（25）の例が挙げられる。

（25）

⑲ Мне нравилось читать детские рассказы посмотреть рисунки.「私は子供向けの物語を読むことや、絵を見ることが好きだった。」⑳ Душе приятно на это смотреть.「見ていてとても楽しかった。」㉑ Впрочем можно уйти далеко в прошлое, когда мне было 12-14 лет это было очень приятно читать газету, я почувствовала некую гордость за себя я хвастался перед родителями.「かなり昔のことになってしまったが、12歳から14歳のときには新聞を読むのが楽しく、それをとても誇りに思っており、両親に自慢したことを覚えている。」　　　　　　　　（RR11）

　（25）は、書き手自身の趣向や過去の体験に関するトピックを用いて、読み手に対する書き手の信頼性を高め、読み手を説得しようとしていると考えられる。エートスと議論の型との関連を見れば、（25）は書き手自身の例を〈類似〉の立論形式に組み込み、新聞や読書への好意的な意見を示し、新聞や雑誌も必要であるという立場を表明している。KK では書き手自身の行為を振り返るということは見られなかった例であり、「書き手の直接的体験」のエートスにおいて〈類似〉による立論形式も出現していないことから、モノリンガル間で好まれるエートスと議論の型が異なる可能性がある。
　2点目の「書き手と読み手が共有する関心と視点」として、（26）は書き手の新聞、雑誌に肯定的な意見を展開するために「読み手への助言」というトピックを選んでいる。

（26）

⑯Вы будете брать то что нужно вам, ваша жизнь станет проще и у вас будет много времени.「そうすれば、あなたは自分に必要なものだけを取り、生活もより快適になり、時間の余裕もできる。」⑰Если у вас есть младший брат сестра или ребёнок, то просто следите за информацией которую получает он.「もし、あなたに弟や妹、あるいは子どもがいれば、彼らが受け取る情報に対し、あなたは目を離さないようにすべきだ。」　　　　　　　　　　　　　　　　（RR16）

　当該箇所は、書き手が新聞や雑誌は不要にはならないという立場を示しながらも、仮定の話として新聞や雑誌が要らなくなる場合の立場を示したものである。（26）は文⑯で二人称代名詞 вы（vy）を用いて書き手に提言をしている。ロシア語の二人称代名詞には親称単数 ты（ty）「君」と敬称複数 вы（vy）「君達／あなた方」の2種類がある。Вы（vy）は、二人称複数であるが、一人

の相手に対しても敬語として用いられ（宇多 2009）、敬称単数としても用いられる。文⑰でも書き手は、読み手の家族に関する情報を仮定して、助言を送っている。これらのことからも書き手が読み手との心理的距離を保ちながら、仮定のトピックを通じて、書き手と読み手とで視点を共有しようとしていることがわかる。

エートスと議論の型との関連では、（26）は仮定の話を用いる〈類似〉を立論形式として、エートスに組み込むことで説得効果を高めようとしていると言える。KK においても例えの話を用いる〈類似〉は見られたが、二人称代名詞を用いて読み手に主観的に意見を表明することは見られなかった。書き手が視点を共有することで、書き手と読み手の類似点を探っている可能性がある。特に、KK では、仮定の話を用いて書き手が読み手の立場に立ち、視点を共有するということは見られなかったことからも、同じ「書き手と読み手が共有する関心と視点」としても内容が異なっていることがわかる。

3 点目の「書き手の性格の良さ、判断力」は、（27）、（28）のような例が挙げられる。

（27）は、読み手の立場を想定し、書き手から答えが提示されていることから書き手が読み手の考えを判断しつつ意見を展開している。

（27）

⑭ Ну что если вы умный опытный человек, знающий что вам нужно от жизни. 「もし、あなたが人生のために何が必要かを知っている、賢く、経験のある人であればどうだろう。」 ⑮ В таком случае вы сами способны фильтровать поток информации, отделяя полезное для вас от лишнего и вам уже не нужен никто для этого. 「もしそうであれば、あなたは自分自身で情報の流れから必要なものを選別でき、不要な情報と有益な情報を区別することができる、そしてこのためにあなたはもう誰も必要ではない。」

⑯ Я считаю что если вы сами способны фильтровать информацию-то интернет - для тебя. 「私は、あなたが自分で情報を選別できれば、インターネットは君のためのものであるという意見である。」

(RR06)

また、（27）の文⑮では下線部 для вас（dlya vas）「あなた（あなた方）にとって」が用いられているのに対し、文⑯では下線部 для тебя（dlya tebya）「君にとって」が用いられている。тебя（tebya）は ты（ty）の生格であり、вас（vas）は、вы（vy）が生格に格変化したものである。生格とは、ロシア語の名詞（名辞類）が有する6つの格の1つで（宇多2009）、ここでは行為の対象を示す機能を有している。書き手は、ты（ty）を用いることで、読み手を1人に限定し、親密さを感じさせ、読み手との心理的距離を接近させるような工夫がみられる。

　また、（28）のように書き手の性格の良さを表す例も見られる。

（28）

⑥ Это конечно удобно искать информацию в Интернете через сотовый телефон, Не выходя из дома.「家から一歩も出ることなく、携帯電話を通じてインターネットで情報を探すのは確かに便利である。」⑦ Но большинство информации, более подробной информации мы можем найти только в библиотеках.「しかし、より詳しい情報を探すためには図書館でしか見つけられない。」⑧ Мне гораздо приятнее держать в руках книгу или журнал, слышать шелест страниц, почувствовать запах, полностью погружаться в мир который кем-то был так старательно написан.「私にとって、本もしくは雑誌を自分の手に取り、ページをめくる音を聞き、匂いを感じること、誰かが努力を重ねて書いてくれた世界に没頭することは遥かに心地よいものである。」

(RR18)

　（28）では、文⑧で書き手自身の経験を示す以外に、書き手以外の人物に配慮するような文になっており、書き手の性格の良さを表現していると考えられる。

　（27）と（28）のエートスと議論の型との関連について述べる。まず（27）は「インターネットは君（読み手）のためのものである」という主張を示すために、書き手がインターネットは読み手自身のためものであるという〈定義〉を立論形式に組み込んでいる。柳澤（2004）によると、〈定義〉の議論の型は他の議論の型と比較すると書き手の主体性が最も高く、状況への依存が低いという。二人称代名詞の遠称と近称の使用を使い分けることによって読み手

へ接近し、書き手の判断力を明確に打ち出し、説得の効果を高めようとしていると考えられる。（28）では、「書き手にとって新聞や雑誌とはどのようなものなのか」という〈定義〉が示されている。（27）のような二人称代名詞の使用は見られていないため、（27）と比べると、書き手の主体性は弱いと考えられるが、書き手の確信や読み手を説得しようとする強い意図が窺われる。

　RR では出現した〈定義〉による説得が、KK の意見文においては出現していないことから、モノリンガルとバイリンガルが混在する地域におけるモノリンガル間でも好まれる立論形式が異なる可能性がある。これは書き手の主体性や説得に対する確信の強弱に関わるものであり、読み手への説得効果に差異が生じる可能性がある。

2.3　キルギス語・ロシア語バイリンガル（キルギス語優位）のエートスと議論の型

　KRK では、「書き手の直接的体験」「書き手の読み手への関心と視点に対する敬意」「書き手と読み手が共有する関心と視点」「書き手の性格の良さ、判断力」のすべての項目が見られた。

　1点目の「書き手の直接的体験」としては、次の（29）のような例が挙げられる。

（29）

　①Интернет же гезит журнал?「インターネットか、それとも新聞と雑誌か。」②Бул суроого жоп беруу кээ бирине оор болушу мумкун, кээ бири ойлонбостон дароо бирисин тандайт.「この問いに答えを出すことが誰かにとって難しいかもしれないが、誰かがどれかを容易に選択できるだろう。」③Биз мындай корунушту туура кабыл алуубуз зарыл.「このような状況を冷静に受け入れなければならない。」④Себеби ар кимдин озунун коз карашы, жеке баалулуктары болот.「なぜならば、それぞれの人が自分の意見、個人的な価値観を持っているからである。」⑤Менимче биздин коомду мисал катары алсак улуу адамдар союз мезгилиндеги адамдар гезитти таднаса керек.「私達の社会の例で見てみると、ソ連時代に生まれた上の世代の人は新聞を選ぶだろう。」　⑥Ал эми жаштар ойлонбостон интернет тарапка оосо керек.「若者は間違いなくインターネットを選ぶと思わ

れる。」⑦ Ар киминин тандоосун тушунсо болот. 「それぞれの人の選択を尊重しなければならない。」⑧ Улуу адамдардын бардыгы эле «Союз убагынды жакшы болчу» деген создорду айтышат. 「お年寄りの人から「ソ連時代は良かった」という声をよく耳にする。」⑨ Албетте ал убакта интернет деген тушунук элдин оюндада жок болчу. 「もちろん、当時の人々の頭の中にはインターネットという概念は無かった。」⑩ Жанылышым мумкун бирок менин оюмча да ушул себептерден улам союздун адамдары гезитти тандашат деп ойлойм. 「間違っているかもしれないが、私の意見ではソ連時代に生まれた人々は新聞を選択すると思う。」　（KRK37）

(29) は、文①から中立的な立場を取りつつ、書き手と読み手の共有している社会集団について、文⑤と文⑥で、過去（上の世代）と現代（書き手の世代）で両方の視点を提示している。さらに、文⑧のように、書き手以外の人物から耳にした情報を、書き手の実体験として加えることでさらに説得効果を挙げようとしていると考えられる。

　一方、同じキルギス語意見文である KK においては、KRK のような書き手以外の人物から伝聞したことを書き手の体験とし、過去の情報を振り返るというトピックは見られなかった。エートスと議論の型については、書き手以外の人物からの伝聞であるソ連時代の〈状況〉を立論の形式として用いることで、エートスから書き手の主体性を排除しつつ、書き手の意見を読み手に示そうとしていると考えられる。

　2 点目の「書き手の読み手への関心と視点に対する敬意」の特徴としては、(30)、(31)、(32)、(33) の冒頭文で出現したキルギス語の挨拶表現 Саламатсыздарбы.（salamatsïzdarbï）「こんにちは。」が挙げられる。以下に例を挙げる。

(30)

① Саламатсыздарбы.「こんにちは。」② Менин оюмча экөөнүн тең кереги бар, анткени азыркы тапта бир гана жаштар эмес, кары картандар да бар экенин унутпашыбыз керек деп ойлом.「私の意見では両方とも必要である。なぜならば、今は若者だけではなく、古い世代のことも忘れてはいけないと思う。」

(KRK06)

(31)

① Саламатсыздарбы!「こんにちは。」② Биринчилерден туура айтасыздар, чындыгында азыркы заманда интернет колдонуучулардын саны өтө эле көп.「指摘された通り、現在、インターネット利用者の数は本当に多くなってきた。」

(KRK10)

(32)

① Саламатсыздарбы!「こんにちは。」② Биринчиден туура айтасыз.「まずは、あなたの言う通りだと思う。」③ Азыркы учурда интернет пайда болгондон баштап, гезит журналдарды колдонгондорубуз азайып баратат.「確かに、現在インターネットが出現してから新聞や雑誌を読むことが減少した。」

(KRK26)

(33)

① Саламатсыздарбы!「こんにちは。」② Менин оюум боюнча азыркы мезгилде баары эле интернет колдонушат.「私の意見では、皆がインターネットを使っている。」

(KRK31)

　挨拶表現 саламатсыздарбы.（salamatsïzdarbï）は、改まった場面での複数の相手に対する挨拶表現であり、挨拶の対象となっているのは、不特定多数の読み手であると考えられる。

　文章の導入部の役割は、読み手に文章の目的を知らせることと、書き手が述べることを読み手に受け入れられるようにすることである（Corbett and Connors 1999）。上の例（30）において、（30）は文章の冒頭で読み手への挨拶を行うことで「読み手への関心と視点に対する敬意」を示している。さらに、書き手と読み手の関係性を最初に示しておくことで、書き手がいかに信頼できる人物かを読み手に訴えるとともに、その後に続く書き手の文章の意見表明について、読み手の支持を受けやすくする狙いがあると考えられる。

　バルトによるギリシャ、ローマの説得を目的とした古典修辞学を整理した図式を参照すると、弁論作成のための弁論術は「発見」「配置」「表現法」の3つの操作から成る（バルト 2005）。バルト（2005）によれば、「配置」の中で、序

論は、第一に書き手が読み手から好意を得ようとする努力、第二にこれから採用する区分、これから従おうとするプランを読み手に告げることの2つの規範的な契機を含んでいるという。KRK が意見文の冒頭からエートスの説得的アピールを配置することで、読み手が文章を読み始める時点において、読み手に敬意を払い、書き手の文章への興味を引き起こさせていると考えられる。バルト（2005）による古典修辞学の枠組みからも、この方法は読み手を説得する上で、有効なストラテジーになりうると考えられる。

　冒頭での挨拶表現は、ロシア式の手紙で見られる形式であるが、冒頭の挨拶や呼びかけはロシア語では書き手と読み手の親密さを表す表現であるため（スリュウサレーヴァ 2011）、書き手がキルギス語意見文にロシア語の形式を用いた可能性もある。挨拶の後には、二人称代名詞敬称単数 сиз（siz）（32）と敬称複数 сиздер（sizder）（31）を主語とする文が見られたが、人称代名詞は省略されていた。(30)、(31)、(32)、(33) のエートスと議論の型を見ると、挨拶表現 саламатсыздарбы.（salamatsïzdarbï）の後には、「状況」の議論の型が用いられており、書き手が読み手に対して関心と視点に対する敬意を示すとともに、書き手の主体性を排除することで、書き手の謙虚さと読み手への敬意を示そうとしている可能性がある。一方で、書き手が表されないことから、説得に対する確信の弱さにより、挨拶表現と「状況」の議論の型が組み合わせられているとも考えられる。

　3 点目の「書き手と読み手が共有する関心と視点」については、(34) の例が挙げられる。

(34)

　④ Илгери чоӊ аталар жылкы кармап боз үйдө жашашчу.「昔、私達の祖先は馬を飼い、ボズウイに住んでいた。」⑤ Кыргыздар ушундай нукта жашоосун улантуу эмес, жаӊы жашоого өзгөрүп, ошол жактын зыянын, пайдасын ажырата билүү жана пайдалуусун өзүнө алуу.「キルギス人は昔ながらの生活をそのまま続けるのではなく、新しい時代に適した生活に変え、長所と短所を分け、有用な面を使わなければならないと思う。」

(KRK12)

KRK12 は書き手と読み手で共有されている視点である「所属民族の過去の生活」として、キルギス民族の「ボズウイ」（天幕）という具体物を提示し、書き手の意見に読み手を引き込もうとしている。このエートスには〈状況〉の立論形式が組み込まれている。書き手自身の過去ではなく、書き手の所属民族という一般的なトピックを提示することで、書き手の意見を読み手に受け入れやすくしようとしていることが推測される。

　4点目の「書き手の性格の良さ、判断力」の例として、（35）が挙げられる。

（35）

　⑤ Мен өзү айылда төрөлүп, өскөм, мен мектепте окуп жүргөндө бизде интернетке байланыш аябай жай жана жетишсиз болчу.「私は村で生まれ育ち、私が学校で学んでいる時は、インターネットへのアクセスが遅く、コンピューターの数も足りていなかった。」⑥ Ошондуктан мен үчүн газета, журнал, китептерден маалымат алуу оңой болчу.「そのため、私にとっては新聞、雑誌、本を通じて情報を探すことは便利であった。」

（KRK27）

　（35）は書き手自身の出自を示すトピックを選択することで、読み手と同じキルギスで育った者で、その中でも地方出身であることを示し、その置かれた環境から意見を展開している。（35）で見られたエートスには〈状況〉の議論の型が組み込まれている。書き手自身の出自を〈状況〉から示すことによって、書き手の主体性を文章から排除し、本質的な議論を避けていると言える。ここでのエートスが「書き手の性格の良さ、判断力」を示すエートスであることからも、〈状況〉を用いることで、書き手の謙虚さを読み手にアピールし、説得効果を高めようとしていると考えられる。

2.4　キルギス語・ロシア語バイリンガル（ロシア語優位）のエートスと議論の型

　KRR では、「書き手の直接的体験」「書き手と読み手が共有する関心と視点」「書き手の性格の良さ、判断力」の3つの項目が見られた。

　まず、「書き手の直接的体験」としては、（36）の例が挙げられる。

(36)

⑪ Но как я и писала, что есть и плюсы в газетах и журналах.「先述した通り、新聞と雑誌にも長所がある。」⑫ Информация сохраняется как и в голове так и где то у вас полке надолго, а еще они вызывают некую ностальгию, передают атмосферу того времени, когда вы шли каждое утро покупать свежую газету, чувствовать этот запах, звуки перелистывающего бумаги.「情報は頭の中でも、どこかの本棚でも長く保存され、そして昔の雰囲気を伝えてくれる懐かしさを呼び起こす、それは毎朝最新の新聞を買いに行っていたときの特別な匂い、新聞に触れたときの感覚などを思い出させてくれる。」⑬ <u>Помните</u> журналы особенно детские?「（あなたは）特に、子供用の雑誌を覚えているだろうか。」⑭ Мои родители часто мне их покупали, потому что телевизор и журнал были главным развлечениями.「あの頃の主な遊びはテレビと雑誌だったから、よく両親に子供用の雑誌を買ってもらっていた。」

(KRR05)

　文⑬の下線部 помните（pomnite）は動詞 помнить（pomnit'）の二人称複数現在形で、文中で主語は省略されているが、二人称代名詞敬称 вы（vy）である。このことからも明確に読み手に対して子供の頃について問い、過去を想起させながら、書き手の習慣を紹介していることがわかる。エートスと議論の型の関連を見ると、新聞や雑誌にも長所があるという意見を展開するために〈状況〉の議論の型が用いられている。二人称代名詞を用い、読み手にも過去を想起させながら、書き手が明示されることを避け、〈状況〉から立論することで、書き手の意見を抑制している。

　また、以下の（37）のように、インターネットの発展に伴い、新聞や雑誌は不要になるという意見について、書き手と家族が経験した紙媒体から電子媒体への移行を「書き手の直接的体験」として用い、〈状況〉の議論の型から読み手にアピールしている例も確認された。

(37)

⑮ В последний раз газету я читала наверное где-то год назад.「最後に新聞を読んだのは恐らく 1 年前のことだと思う。」⑯ Мы с семьей регулярно покупаем газеты с рецептами. 「私と家族はレシピの新聞をよく買っていた。」 ⑰ Но со временем перестали. 「しかし、時間と共に買わなくなった。」 ⑱ Ведь мама тоже умеет пользоваться интернетом. 「母もインターネットを使えるようになったからである。」

(KRR18)

　上の例では、文⑯でロシア語の一人称複数代名詞 мы（my）が用いられているが、これは書き手と書き手の家族のことである。読み手は мы（my）の中には内含されておらず、(36) のような読み手に対する問いかけ等は見られない。このように、書き手と家族の過去の習慣と生活の変化という視点から読み手の書き手への信頼性に訴えている例が見られた。

　「書き手と読み手が共有する関心と視点」については、次のような例が見られた。

　(38) では、「私達（キルギス国民）の間では新聞が読まれていない」という意見と、その理由が述べられている。

(38)

　⑪ Это только у нас в нашей стране не читают газеты. 「私達の間で、私達の国だけで新聞は読まれていないと思う。」 ⑫ Многие не желают тратить деньги а про журналы вообще молчу, они и раньше были не очень популярны. 「雑誌については言うまでもなく、多くの人は雑誌を買うためにお金をかけたくない、雑誌は昔から人気が無かった。」 ⑬ Почему люди раньше покупали газеты, многие из-за программы и у многих не было доступа к интернету. 「なぜ、人々は過去に新聞を買っていたのかと言えば、多くの人はテレビの番組表を知るために買っていたからで、そして大多数がインターネットにアクセスしていなかったからである。」

(KRR09)

　(38) は、文⑪と文⑫で書き手と読み手が所属している社会の状況を示すことで、書き手と読み手が同じキルギス国民であり、読み手と同じ性質を持っていることをアピールし、信頼を得ようとしていると考えられる。(38) で用いられているエートスと議論の型との関連を見ると、(38) では書き手

と読み手が所属している社会の〈状況〉の立論形式と書き手が共有しようとする視点がエートスとして組み込まれている。一人称複数の人称代名詞を用い、書き手と読み手が同じ視点を有していることを示し、説得効果を高めようとしていると言える。

　一方、「序論」で書き手と読み手が所属する社会の状況を提示しているものの、第2段落の冒頭では、書き手の意見である「新聞や雑誌が必要である」という立場以外の読み手を否定する（39）のような手法も確認された。なお、引用文の前の《　》の中の数字は段落番号を示している。

（39）

《1》① Я не очень-то согласна с тем, что с появления интернета нет необходимости читать газеты и журналы. 「インターネットの登場により新聞と雑誌の必要性が無くなったという意見に同意しない。」② Да, я только могу сказать что с появлением интернета жизнь людей становится все проще и проще.「もちろん、インターネットの登場により人々の生活がますます楽になったと言える。」③ Да, возможно это хорошо, можно никуда не ходить, имею в виду всё это уже установлено в интернете. 「もちろん、これは良いことかもしれない、どこかに行かなくてもいいかもしれない、すべてがインターネットにあるからだ。」④ Можно заказать еду в интернете, сделать покупки, шоппинг можно тоже в интернете. インターネットで食べ物を注文したり、買い物をしたり、ショッピングもインターネットですることができる。」⑤ Заболели? 「風邪を引いてしまった？」⑥ Закажи лекарство с интернета, не надо ходить в поликлинику чтобы лечиться, найди ответы в интернете лечись. 「インターネットで薬を注文すればよい、治療を受けるために病院まで行かなくてもいい、インターネットで答えを調べて自分で治療すればよい。」⑦ Даже работай в интернете. 「そして、インターネット上で仕事までできるようになった。」

《2》⑧ <u>Вы</u> думаете это хорошо или даже лучше? 「あなた方は、これは良いと考えるだろうか、それともより良いと考えるだろうか。」⑨ Нет! 「いいえ！」⑩ Это и есть катастрофа всего мира! 「これこそ全世界の大惨事である。」⑪ Для меня это глобальное разрушение жизни! 「私にとって、これは人生が大きく崩壊

したことを意味する。」 (KRR19)

　(39) は、書き手は「新聞と雑誌の必要性」を強く主張している意見文である。2 文目から第一段落が終わる文⑦までインターネットの利便性について、〈状況〉の立論形式を用いて、読み手への問いかけを交えながら文章を展開している。ただし、第 2 段落の冒頭（文⑧）の下線部において、二人称代名詞 вы（vy）を用いて、直接的に読み手に問いかけた後で、2 文目に即座に否定し、他の意見を排除し、書き手の意見に引き込んでいる。このような文章の展開から、書き手と同じ意見の読み手には、他の意見の選択肢が無いことを強くアピールするため、共有する関心の強さや視点の一致から、強い説得効果が生まれると考えられる。しかし、読み手の立場が書き手と異なる立場である場合、書き手は、文⑨で書き手と異なる立場の意見を強く否定し、文⑩と文⑪で書き手の主張を展開していることから、読み手の書き手への信頼性や共感という点で困難さが生じると考えられる。〈状況〉の議論の型で、一見すると状況に依存した文章のように見られるが、読み手にとっては書き手の自信が溢れた、いわゆる「上から目線」のような意見文になっていると考えられる。バルト（2005）で指摘されている「序論」は、慎重に、控えめに、節度を持って始めなければならないものであるということからも、読み手の説得が困難なものになると考えられる。

　「書き手の性格の良さ、判断力」としては、（40）や（41）の例が挙げられる。

　まず、（40）の例は〈状況〉の議論の型とエートスを組み合わせている例である。

(40)

　①Всему своё время.「それぞれのものにはそれぞれ適切な時がある。」②Наши предки не пользовались интернетом, у них были газеты, журналы и телевидение с помощью которых они получали новости, известия, информацию.「私達の祖先はインターネットを使ったことがなかったが、その代わりにニュースや情報を得るために新聞や雑誌、テレビなどがあった。」③Мы же в своё время пользуются интернетом, получаем всю информацию только через интернет, редко берём в руки журнал газеты, а если покупаем газеты, то ради всяких анекдотов и сканвордов.「私達の時代では、私達はインターネットを使っている、全ての情報はインターネットのみから入手し、新聞や雑誌などから入手することは稀で、もし新聞や雑誌を購入しても、笑い話かクロスワードパズルのために購入する。」④ Ну это сугубо моё личное мнение.「これは私の個人的な意見である。」(KRR20)

（40）は文章の冒頭から、過去から現在といった社会状況を〈状況〉の議論の型を用いて述べ、最後に個人的な意見であると断りを入れている。このことから、〈状況〉の立論形式から書き手の意見や主観を前面に出すことなく、非本質的な議論を展開するとともに、その締めくくりで書き手の立場と異なる立場の読み手への配慮が窺える。

次の（41）の例は〈定義〉の議論の型とエートスを用いた例である。

（41）

Это лично моё мнение я не привязываю к тому что человек не должен использовать интернет и читать только книги.「これらは私の個人的な意見に過ぎず、人々がインターネットの利用を止めて、本ばかりを読むことを押し付けてはいない。」Человек формируется и обогащается за счёт источников информации, То-есть надо использовать интернет, и книги, и журналы, но в а всем иметь меру.「人間は、情報を受け取ることによって自分の人格を形成し、豊かになっていく、つまりインターネットも本も、雑誌も使ってもいいが、どこまで使えるか、どのようなものでもその限界を知らなければならない。」 (KRR23)

（41）は、この文に至るまでにインターネット、新聞・雑誌の両方が必要だと意見を述べてきた。しかし、この文によって、これまで述べてきた意見を個人的な意見とすることで、書き手の謙虚さを示し、読み手の意見が異なっていても認められるという柔軟な姿勢を表している。書き手と異なる意見も受け入れる姿勢を提示することで、書き手の信頼を得ようとしている。（41）のエートスと議論の型について、書き手の性格の良さや判断力のエートスを

示した直後の文で、(41) は「人間とはこのような生き物である」と〈定義〉し、議論を展開している。書き手の謙虚さをアピールしながらも、書き手の主体性の強い意見を読み手に与えて説得を試みていると言えよう。

3. 考察

本章では、Connor and Lauer (1985) の「信頼性のアピール」と Weaver (1970) の「議論の型」に基づき、KK、RR、KRK、KRR の意見文の「エートスと議論の型」を分析した。

改めて、本研究における「エートスと議論の型」の分析結果を表21に示す。

表21　4群 (KK、RR、KRK、KRR) で出現したエートスと議論の型

	エートス	議論の型
KK	書き手の直接的体験	状況
	書き手と読み手が共有する関心と視点	状況
		類似
RR	書き手の直接的体験	類似
	書き手と読み手が共有する関心と視点	類似
	書き手の性格の良さ、判断力	定義
KRK	書き手の直接的体験	状況
	書き手の読み手への関心と視点に対する敬意	状況
	書き手と読み手が共有する関心と視点	状況
	書き手の性格の良さ、判断力	状況
KRR	書き手の直接的体験	状況
	書き手と読み手が共有する関心と視点	状況
	書き手の性格の良さ、判断力	定義
		状況

表21から、モノリンガル群 (KK、RR) を見れば、KK は、エートス「書き手の直接的体験」と議論の型〈状況〉、エートス「書き手と読み手が共有する

第5章　エートスと議論の型　　*83*

関心と視点」と〈状況〉、エートス「書き手と読み手が共有する関心と視点」と〈類似〉を用いる例が確認された。RR の「エートスと議論の型」では、エートス「書き手の直接的体験」と〈類似〉、エートス「書き手と読み手が共有する関心と視点」と〈類似〉、エートス「書き手の性格の良さ、判断力」と〈定義〉が用いられている例が確認された。

　これらのことから、KK では〈状況〉の議論の型とエートスを組み合わせて用いる書き手が多いと言える。柳澤（2006）を参考にすると、KK は意見文において、〈定義〉や〈類似〉のような書き手の主観性が強いとされる立論形式を避け、書き手の主観性が弱く、非主体的で、非本質的な立論形式を好むと考えられる。一方で、RR の意見文では、〈類似〉や〈定義〉が用いられていたことから、KK よりも書き手の主観性の強さを出して、読み手をリードする主体的で本質的な立論形式とエートスを組み合わせる説得方法を好んでいることがわかる。

　バイリンガル群（KRK、KRR）を見ると、KRK では、エートス「書き手の直接的体験」と〈状況〉、エートス「書き手の読み手への関心と視点に対する敬意」と〈状況〉、エートス「書き手と読み手が共有する関心と視点」と〈状況〉、エートス「書き手の性格の良さ、判断力」と議論の型〈状況〉を用いている例が確認された。KRR については、エートス「書き手の直接的体験」と〈状況〉、エートス「書き手と読み手が共有する関心と視点」と〈状況〉、エートス「書き手の性格の良さ、判断力」と〈状況〉、エートス「書き手の性格の良さ、判断力」と〈定義〉を用いる例が確認された。

　KRK では全ての種類のエートスが出現し、用いられている議論の型はいずれの例も〈状況〉であった。KK のキルギス語意見文と比較をすると、KK と共通して、キルギス語が優位であるキルギス語・ロシア語バイリンガルにおいても、書き手が非主体的で、非本質的なものに議論の根拠を求めている意見文が好まれると考えられる。一方、ロシア語意見文 RR と KRR を見ると、RR は〈類似〉や〈定義〉といった本質的で書き手の主観が強く出現する主体的な立論形式を好むのに対し、KRR は〈状況〉という〈類似〉や〈定義〉の議論の型と対極の位置にある立論形式を好んで用いる傾向が確認された。〈状況〉を好むというキルギス語話者の特徴が出現しており、ロシア語意見文で

ありながら、キルギス語話者間で好まれる立論形式を用いた可能性も考えられる。

　一方で〈定義〉を用いている KRR も見られることから、ロシア語話者間で好まれる立論形式を用いたバイリンガルと、キルギス語話者で用いられる立論形式が KRR の中で混在していることも推測される。香西（1983）によれば、〈定義〉による議論の型が有効であるためには、その類や属性が一般に承認されたものでなければならず、人によって解釈が異なると、この立論形式は難しいものになるという。したがって、〈定義〉がロシア語意見文において有効な議論の型であると仮定すると、キルギス語意見文での枠組みや、書き手の共通認識と異なった場合に、説得力を維持することが難しくなる。また、〈状況〉は、物事の本質や原則とのつながりを欠いた最も哲学的ではない議論の型である（香西 1983）ことから、書き手の主体性を重んじる〈定義〉を好むロシア語意見文の枠組みから外れており、読み手がキルギス語話者なのか、ロシア語話者なのかによって、文章の説得力に差が生じる可能性がある。ただし、本研究の結果については、バイリンガルの第一言語、第二言語能力の優劣や、思考する際の言語が産出に影響している可能性もあるため、意見文データの量を増やして検証する必要があろう。

　また、本章の分析を通して、同じ「エートス」でもその内容には違いがあることが示唆された。キルギス語話者について、モノリンガル KK と比較すると、バイリンガル KRK では使用される「エートス」の種類が多くなっていることから、第二言語としてのロシア語教育の影響も考えられる。加えて、冒頭に挨拶表現を置く等、KK の意見文には見られなかった要素が見られたのも、キルギス語優位のバイリンガルの特徴であろう。

　ロシア語話者について、モノリンガル RR とバイリンガル KRR を比較すると、キルギス語話者のように使用する「エートス」には明確な違いが見られなかったが、用いられる立論形式が異なり、書き手の主体性や対象の本質への迫り方が異なる可能性があることが確認された。

　KK、KRK によるキルギス語意見文と RR、KRR によるロシア語意見文において、人称代名詞の使用が特徴的であったことから、書き手と読み手の関係性について、Brown and Levinson（1987）のポライトネス理論を援用し、両

言語の二人称代名詞親称と遠称の比較を試みる。これにより、書き手が想定する読み手との力関係を明らかにすることができ、書き手が読み手をどのように捉え、「エートスと議論の型」を用いて説得のストラテジーを構想しているかを明らかにすることが可能となる。

　キルギス語の二人称代名詞には、親称単数 сен（sen）、親称複数 силер（siler）、敬称単数 сиз（siz）と敬称複数 сиздер（sizder）がある。本研究では親称単数 сен（sen）、敬称単数 сиз（siz）、敬称複数 сиздер（sizder）の使用が見られたが、いずれも文中では二人称代名詞が省略されていた。書き手が読み手に接近しようとする一方で、主語を省略し、文中で明示しないことで、読み手への直接的な表現が避けられている。ロシア語意見文で見られたような1つの文章の中での二人称代名詞の親称と敬称の使い分けは見られなかった。読み手への挨拶 саламатсыздарбы.（salamatsïzdarbï）や、一人称代名詞複数 биз（biz）の使用が見られた。キルギス語話者は読み手への直接的な意見を避けつつ、読み手に書き手と同じ視点を共有させることで、読み手のネガティブ・フェイスに配慮する説得のストラテジーであった。

　一方、ロシア語意見文では、二人称代名詞親称 ты（ty）と敬称 вы（vy）の使用が見られた。ты（ty）はポジティブ・ポライトネスとして読み手に接近し、вы（vy）はネガティブ・ポライトネスとして読み手を忌避する言語形式と考えられる。今回の意見文の読み手は、「書き手と同世代のキルギスの大学生」としており、書き手にとっては「同等」の人物である。意見文においてロシア語話者は、вы（vy）と ты（ty）を使い分けることで、フェイス侵害行為（FTA）のリスクを見極めつつ、書き手と読み手の間の心理的距離を接近させたり、忌避させたりして、読み手を説得するストラテジーであると言えよう。ただし、「目上」に対する文章では ты（ty）の使用が全く見られないという指摘もあり（スリュウサレーヴァ 2011）、読み手が書き手よりも「目上」の場合には ты（ty）の使用が憚られるという。ロシア語での会話においては、вы（vy）と ты（ty）の使い分けについて、вы（vy）を用いることで中立的な態度を表明すること（Khrakovskii and Volodin 1986）、親しい相手には ты（ty）、それ以外の場合には вы（vy）を使用すること（村越 2007）が指摘されているが、文章における二人称代名詞の選択と使用に関しては、今後更なる検証が必要である。

同じく二人称代名詞に親称、敬称を持つキルギス語についても読み手が「目上」の場合について検証する必要があろう。キルギス語とロシア語は二人称代名詞に親称と敬称を有する言語であるが、それらの比較の際には、文章においてどのような場面で二人称代名詞を使用することが規範とされているのかを十分に精査してから分析を行う必要がある。一方で、書き手のキルギス語、ロシア語の文章における二人称代名詞の使用の規範に対する理解が不十分な場合は、どちらか一方の言語の規範を用いて文章を書く可能性があり、異なる母語の読み手がその文章を読む際に、書き手の予期しない場面でコミュニケーション摩擦が生じる可能性もある。

　リース（2014）によれば、トピックと関連して、「共通認識」がある。「共通認識」とは、共有された知恵、部族全体の前提である。「共通意識」はそれぞれの文化に特有なものであり、普遍的真理として通っていることが多い（リース 2014）。キルギスのように、複数の言語がリンガフランカとして併用されているモノリンガルとバイリンガルが混在する地域における説得のストラテジーについても、所属する言語コミュニティによって「共通認識」が異なる可能性が明らかになった。

　本研究で得られた結果から、それぞれの言語話者が受けてきた言語教育が意見文の内容に影響を及ぼしており、学校での第一言語教育、第二言語教育を通じて文章の説得内容を習得し、説得のストラテジーとして用いている可能性が示唆された。そこで、本研究での結果と第一言語としての「キルギス語」「ロシア語」教育で使用されている教科書を分析し、比較を試みた。分析対象とした教科書は「キルギス語」は 8 年生の教科書（Imanov et al. 2016）、「ロシア語」は 6 年生の教科書（Breusenko et al. 2019）とした。その理由としては、Imanov et al.（2016）及び Breusenko et al.（2019）が、「2020-21 年度教育科学省推薦教科書一覧」（Minobrnauki KR 2020）に記載され、かつキルギス国内で出版された教科書であり、説得を目的とする文章が単元として扱われる学年の教科書であることによる。

　「キルギス語」教科書では、文章における意見表明について、書き手の実体験や自分の意見を肯定する他者の意見を取り入れ、意見を述べる方法が挙げられており、KK、KRK において「書き手の直接的体験」が出現したことか

らも、キルギス語では「書き手の直接的体験」が重要な「エートス」であると考えられる。

「ロシア語」教科書では、説得の構造は「論拠」「支え」「実例」の3点から成り、意見表明の後、意見を補強するために、書き手自身の言葉、もしくは信頼性の高い情報源からの引用を用いて解説をし、実例を提示するという構造を示している。実例のトピック例として、「書き手自身の経験」「他者の経験」「著名な人物の発言」「明確な情報源からの引用」を提示している（Breusenko et al. 2019）。書き手自身の言葉が、本研究のRR、KRRで見られた「書き手の直接的経験」にあたり、ロシア語では書き手の経験が重要視されていることがわかる。

本研究の結果から、「エートスと議論の型」の関わりにおいて、同じエートスの種類を用いたとしても、用いられるエートスの内容には差異があること、エートスを支える議論の型については、同じ言語を第一言語としていても、モノリンガルとバイリンガル間で書き手の主体性の強弱や、対象の本質への接近の仕方が異なっている可能性が考えられる。特に、その差異はロシア語話者（RR、KRR）において確認された。ただし、本研究は限られた範囲の意見文データを基に分析を行っているため、今後、本研究の分析結果がどこまで一般化可能なものであるのか、更にデータを収集し、分析を進める必要がある。また、バイリンガルに関しては、いずれの言語の優位性が表出しているのか、より詳細に分析を行うためにも、バイリンガルの第一言語、第二言語での書記言語能力を事前に測定し、意見文調査を実施することも検討する必要がある。

第 **6** 章 | 総合的考察
―― 言語政策と言語使用の観点から――

　本章では、本研究で明らかになったことをもとに、1節で説得のストラテジー
とキルギスの言語政策との関連を述べ、2節で説得のストラテジーと言語使用の
関わりから考察を行う。

1. 言語政策と説得のストラテジーの関わり

　まず、キルギスにおける言語政策について整理する。法的な位置づけを持
つ言語としては、キルギス語とロシア語の二言語が挙げられる。2021年5月
5日に施行された2021年版キルギス共和国憲法[1]では、国家語に関しては、
第13条第1項で「キルギス語はキルギス共和国の国家語である」こと、「国
家語使用の手続きは憲法法に規定される」と条文として明記されている。第
13条第2項に、公用語に関する条文があり、「公用語としてロシア語が使用
される」ことが明記されている。なお、第13条第3項では、キルギス国民
の全ての民族に対して母語の保全、学習及び発展のための条件を保証する権
利も保証されている。第46条では教育に関する条文があり、「国家は、各国
民が就学前から主たる普通教育の終了までの期間、国家語、公用語及び1つ
の外国語を学習できる環境を整備する」とあり、公教育における国家語、公
用語の学習環境の整備が条文で明記されている。
　国家語、公用語に関連する法律を見てみると、2022年10月時点では、そ

れぞれの言語の社会的役割の詳細は、キルギス共和国法「キルギス共和国の国家語について」(以下、国家語法)、「キルギス共和国の公用語について」(以下、公用語法) で規定されている。国家語法は 2015 年 6 月改正版[2]、公用語法は2013 年 2 月改正版[3] が運用され、二言語の地位と社会的な役割が定められている。

　小田桐 (2015) は、国家語法と公用語法を比較し、キルギスにおける二言語の法的位置づけと社会的役割について、次の表 22 のようにまとめている。

表22　キルギス語とロシア語の法的位置づけの比較

	国家・社会活動のための言語	国家の象徴	民族間交流のための言語	対外関係のための言語
キルギス語 (国家語)	○	○	○ (2004〜)	○
ロシア語 (公用語)	○ (国家語に影響を及ぼさない範囲)	×	○	○

(小田桐 2015:118をもとに筆者が一部編集)

　表 22 に示されている法的位置づけからも、キルギスにおける今後の国家語と公用語の社会的な役割をめぐっては、国家語であるキルギス語に社会的に広い役割が期待されていることが窺える。

　教育と言語の関連について見ると、キルギスにおける教育の原則は、キルギス共和国憲法と、キルギス共和国法「教育について (Ob obrazovanii)」という法律において示されている (西條 2021)。小田桐 (2015) によれば、ロシア語の扱いをめぐっては、制定時の 1992 年の「教育について」では「すべての教育機関において、キルギス語、ロシア語、および外国語から一言語を必修科目として学習する (第5条)」と規定されていた。しかし、2003 年には「国家は、各国民が就学前教育段階から義務教育段階まで、国家語と二つの外国語を学習する条件を整える (第6条)」とあり、公用語であるロシア語を外国語の 1 つとみなし、キルギス語を重視する教育政策がとられていたという。

　2022 年 7 月時点の「教育について」第 6 条[4] の言語教育に関する事項で

は、「国家は、国民が就学前教育から義務教育段階まで、国家語、公用語及び国際言語1言語を学習する条件を整える」ことが記されており、条文にロシア語の取り扱いが公用語として再び明記されている。このような「教育について」の変遷から、現代のキルギス社会において、社会的に劣位であったキルギス語の普及・拡大政策の中で、優位な公用語としてのロシア語の役割や位置づけが不安定になっており、社会の情勢によって流動的であることがわかる。また、同法では、キルギス国外に居住するキルギス国民に対する国家語（キルギス語）教育を推進していくことが明記されている。キルギス国外に在住しているキルギス国民の言語教育に関しては、公用語のロシア語ではなく、国家語のキルギス語が担っており、教育における言語政策に関しても、公用語よりも国家語が優位な位置づけであることが考えられる。

　モノリンガルとバイリンガルが混在する地域文化の中で、法的な位置づけがなされているキルギス語とロシア語の二言語の中でも、二言語間の社会や言語教育における力関係が変化しており、モノリンガルとバイリンガルが混在する地域に住む人々の言語意識や言語選択、言語使用にも影響が生じることが考えられる。キルギス語とロシア語のダイグロシア（Fargason 1959）であるキルギスにおいて、ソ連時代のキルギスでは、キルギス語が劣位の言語であり、ロシア語が優位な言語であった。現代のキルギスでは言語政策により、劣位であったキルギス語の社会的な役割が拡大しており（小田桐 2015）、二言語間の関係性が逆転していると考えられる。

　しかしながら、これまでの研究において、ソ連崩壊後も中央アジアにおけるロシア語の社会的重要性は大きいものであり、キルギスにおいても国家語であるキルギス語の社会的役割が拡大しつつある一方で、ロシア語の依然として優勢であることが指摘されている（小田桐 2009; 臼山 2005; 2014）。本研究の1つの分析の観点である「事実と意見の配置に基づく文章構造」での結果も、現在のキルギス社会における基幹民族言語であり、国家語であるキルギス語と比べ、公用語のロシア語の優位性が高いことを示すものであった。

　キルギスは、社会文化を構成する民族は90以上という多言語多民族国家で（Orusbaev et al. 2008）、法的には国家語のキルギス語と、公用語のロシア語の二言語をリンガフランカとする二言語併用社会である。所属民族言語とキル

第6章　総合的考察　　*91*

ギス語、ロシア語の間にダイグロシアが存在しているが、ロシア語とキルギス語の間でもダイグロシアが存在する「入れ子ダイグロシア」（カルヴェ 2010）である可能性がある。カルヴェ（2010）によれば、「入れ子ダイグロシア」とは相互に入り組んだダイグロシアで、最近脱植民地化した諸国に見られるものであり、タンザニアを例に取り上げ、英語がスワヒリ語に対して優位（カルヴェ（2010）では、高位）の形態で、スワヒリ語は別の諸言語に対して優位の形態であるという。それらの言語間の関わりを見れば、実際の言語使用ではロシア語とキルギス語の間にはダイグロシアが存在し、ロシア語はキルギス語に対して優位であり、ロシア語とキルギス語以外の所属民族言語に対して優位であることが考えられる。

　本研究では 2022 年時点でのキルギスの言語政策と説得のストラテジーの関わりを分析してきた。2022 年 7 月以降のキルギスでの国家語政策、公用語政策をめぐっては、国家語のキルギス語については、従来の国家語法であるキルギス共和国法「キルギス共和国の国家語について」から、2023 年 7 月 17 日にキルギス共和国憲法法「キルギス共和国の国家語について」（以下、国家語憲法法）が新たに制定された一方で、公用語のロシア語については、キルギス共和国法「キルギス共和国の公用語について」が 2013 年 2 月 25 日に改正されて以来、運用されている。これにより、国家語のキルギス語はキルギス共和国憲法法、公用語のロシア語はキルギス共和国法での規定となり、同等な法的位置づけであった二言語を、国家語を法的に高位な言語とする二言語間の法的な位置づけの変化も確認できる。国家語憲法法では、国家語の使用に関して、行政とその他の機関、公的文書の表記、教育と科学、文化、メディア、出版、広告分野における国家語使用等、多岐にわたる領域、分野での国家語使用が規定されている。国家語憲法法の制定により、国家語であるキルギスの社会的な機能や役割はより拡大し、モノリンガルとバイリンガルが混在するキルギス社会における人々の言語使用にも影響を与える可能性があると考えられる。

　今後の国家語・公用語をはじめとする言語政策、教育政策によっては、キルギス社会におけるモノリンガルやバイリンガルの言語習得状況や、言語選択、言語使用にも変化が生じることも考えられ、言語政策と説得のストラテ

ジーに関しても注意しながら検討していく必要があろう。

2. 言語使用と説得のストラテジーの関わり

　本研究で明らかになったモノリンガルとバイリンガルの言語使用を見れば、出身教授学校によって接触言語が異なることで、その後の言語使用に影響を及ぼしていることが考えられる。キルギス語話者はキルギス語とロシア語の二言語、ロシア語話者はほぼロシア語のみに接触しており（西條 2019a）、社会的な実用性からキルギス語が劣位、ロシア語が優位であり、二者間で日常的に接する言語や集団に差異がある。このことは、キルギス語話者（KK、KRK）、ロシア語話者（RR、KRR）の文章中にも確認することができた。

　例えば、KK14 と KRK07 がキルギス語メディア（Super-Info）の例を挙げている一方で、RR11 ではキルギス国内のロシア語メディア（De-fakto Vechernyi Bishkek）、RR26 ではロシアのメディア（Vedomosti）がそれぞれ挙げられている。西條（2019a）のキルギス語教授学校出身学生とロシア語教授学校出身学生のマスメディアの接触状況に関する調査では、キルギス語教授学校出身学生は新聞、テレビ番組については約 6 割の学生がキルギス語・ロシア語の両方のメディアに接しているのに対し、ロシア語教授学校出身学生は新聞、テレビ番組、インターネットすべてにおいてロシア語のみの接触が 6 割以上であった。また、キルギス語のメディアのみに接している学生は、両教授学校出身学生ともキルギス語教授学校出身学生の 1 名が新聞に接しているのみで、ほぼいないことが明らかになっている。これらのことからも、今回の意見文調査の回答者であるキルギス語モノリンガル（KK）とキルギス語・ロシア語バイリンガル（キルギス語優位）（KRK）は、日常生活においてキルギス語、ロシア語両方の言語コミュニティである。一方、ロシア語モノリンガル（RR）とキルギス語・ロシア語バイリンガル（ロシア語優位）（KRR）はロシア語コミュニティである。後者は日常生活でキルギス語に接する機会が少ないことが窺え、キルギスという 1 つの社会文化において、言語話者ごとに日常生活で接するメディアが異なっていると考えられる。

　また、意見文において、書き手の意見を補強する根拠として偉人に関する

第6章　総合的考察　　93

引用が見られたが、KRK22 ではキルギス文学作家チンギズ・アイトマート
フ、KRR22 ではロシア帝国時代の思想家アレクサンドル・ゲルツェンが挙げ
られている。メディアとの接触状況、意見文における人物の引用からも、モ
ノリンガルとバイリンガルが混在する地域における言語コミュニティが異な
り、共有されている共通認識が異なっている可能性がある。他の旧ソ連諸国
と同様に、基幹民族言語（キルギス語）とロシア語に対する価値観が異なるこ
とからも（小田桐 2015）、日常的に接する言語や集団の差異が書く行為に影響
を及ぼしている可能性もある。

　本研究の意見文課題の読み手は「書き手と同じ世代のキルギスの大学生」
と設定したが、本研究における書き手が想定する読み手を推測すると、キル
ギス語モノリンガル、キルギス語・ロシア語バイリンガル（キルギス語優位）は、
キルギス語とロシア語の両方の話者を想定し、ロシア語モノリンガルとキル
ギス語・ロシア語バイリンガル（ロシア語優位）はロシア語話者の読み手を想定
し、本研究の意見文を書いていると推測される。そのように仮定すれば、キ
ルギス語話者は、キルギス語とロシア語話者の二者を説得するストラテジー
を用いる必要があり、言語ごとに固有の文章構造があるとすれば、キルギス
語とロシア語の両面から、どのように意見を述べていくかが難しくなる。本
研究の意見文データを収集する過程で、特に、キルギス語モノリンガルが既
定の語数に届かないことや、書きにくさを感じ、断念する様子も見られたた
め、想定する読み手の性質が要因となったことも考えられる。会話において
は、聞き手が話し手の眼前にいるため、聞き手に応じた言語の選択が行いや
すく、使用言語の語彙が足りない場合は、聞き手と話し手で共通する第二言
語へのコードスイッチング等でその場の対応が可能であると考えられる。し
かしながら、文章においては、書き手と読み手は別の空間、時間にいるため、
読み手の性質の特定は書き手にとって困難であり、会話のように、文や文章
の単位で、書き手が文章の途中で言語を切り替えながら、不足する情報を加
筆することは難しい。特に、読み手を説得する目的の文章においては、書き
手の意見表明の方法が、読み手の説得のストラテジーの外にある場合は、読
み手を説得することは難しく、書き手の信頼性にも影響する。

　本研究の結果から、モノリンガルとバイリンガルが混在する地域の例として

取り上げたキルギスでは、バイリンガルの説得のストラテジーにおいて、法的な位置づけでは優位の言語であるキルギス語よりも、劣位のロシア語の方が影響を及ぼしていることが確認された。また、言語政策とモノリンガルおよびバイリンガルの実際の言語使用の実態は異なる。言語政策や法的な位置付けによる優位と劣位ではなく、社会的な実用性が要因となっており、劣位である言語話者は、優位である言語話者の影響を受け、優位である言語話者は劣位の言語の影響を受けにくいと考えられる。

　キルギスの言語政策と実際の言語使用は、ダイグロシアの関係が逆転現象を起こし、言語政策と実際の言語使用に乖離が存在することを示している。

［注］

1──Ministerstvo Yustitsii Kyrgyzskoi Respubliki, Konstitutsiya Kyrgyzskoi Respubliki（キルギス共和国法務省、「キルギス共和国憲法」（2021 年版））http://cbd.minjust.gov.kg/act/view/ru-ru/112213（2022 年 10 月 15 日閲覧）を参照。

2──Ministerstvo Yustitsii Kyrgyzskoi Respubliki, Zakon Kyrgyzskoi Respubliki«Ob gosudarstvennom yazyke Kyrgyzskoi Respubliki»（キルギス共和国法務省、キルギス共和国法「キルギス共和国の国家語について」）http://cbd.minjust.gov.kg/act/view/ru-ru/1439（2022 年 10 月 15 日閲覧）を参照。2023 年 7 月 17 日にキルギス共和国憲法法「キルギス共和国の国家語について」（Konstitutsionni zakon o gosudarstvennom yazyke Kyrgyzskoi Respubliki）が施行されている。https://cbd.minjust.gov.kg/112618/edition/1264993/ru（2024 年 6 月 20 日閲覧）

3──Ministerstvo Yustitsii Kyrgyzskoi Respubliki, Zakon Kyrgyzskoi Respubliki«Ob ofitsial'nom yazyke Kyrgyzskoi Respubliki»（キルギス共和国法務省、キルギス共和国法「キルギス共和国の公用語について」）http://cbd.minjust.gov.kg/act/view/ru-ru/443（2022 年 10 月 15 日閲覧）を参照。公用語の関連法規をめぐっては、2023 年 7 月 17 日にキルギス共和国憲法法「キルギス共和国の国家語について」（Konstitutsionni zakon o gosudarstvennom yazyke Kyrgyzskoi Respubliki）が施行されており、第 2 条に公用語と、国家語と公用語以外の言語使用に関して記載されている。https://cbd.minjust.gov.kg/112618/edition/1264993/ru（2024 年 6 月 20 日参照）

4──Ministerstvo Yustitsii Kyrgyzskoi Respubliki, Zakon Kyrgyzskoi Respubliki«Ob obrazovanii»（キルギス共和国法務省、キルギス共和国法「教育について」）http://cbd.minjust.gov.kg/act/view/ru-ru/1216（2022 年 10 月 4 日閲覧）を参照。なお、同法は 2023 年 8 月

11 日に改正されている。2023 年改正版「教育について」では、言語教育に関する事項は第 11 条第 1 項から第 4 項で規定されている。(https://cbd.minjust.gov.kg/112665/edition/1273902/ru（2024 年 6 月 20 日閲覧）)

第 **7** 章 本研究のまとめと
今後の展望

　本研究では、モノリンガルとバイリンガルが混在する地域を背景とするバイリンガルの意見文における説得のストラテジーの特徴を、キルギス語モノリンガル（KK）、ロシア語モノリンガル（RR）、キルギス語・ロシア語バイリンガル（キルギス語優位）（KRK）、キルギス語・ロシア語バイリンガル（ロシア語優位）（KRR）の4群に分け、「事実と意見の配置に基づく文章構造」と「エートスと議論の型」の観点から明らかにした。本章の1節では第2章5節で設定した研究課題と照らし合わせながら本研究のまとめを行い、2節では本研究で得られた知見から日本語教育への示唆を述べる。3節では今後の課題について述べる。

1. 本研究のまとめ

　本研究では、3つの研究課題を通して、モノリンガルとバイリンガルが混在する地域におけるバイリンガルの意見文における説得のストラテジーを明らかにした。それぞれの研究課題について明らかになったことを以下にまとめる。

　研究課題1：モノリンガルとバイリンガルが混在する地域における異なる
　　　　　　言語話者は、意見文においてどのような構成で事実と意見を
　　　　　　配置し、読み手を説得しようとするか。【事実と意見の配置に

基づく文章構造】

　4群全体の傾向として、「導入」では客観的文章構成が好まれ、「結び」に
なると主観的文章構成が好まれていることから、文章の後半に向けて書き手
の主観が強くなる帰納法であると考えられる。KK、KRKでは帰納法が好ま
れ、書き手の意見を徐々に結論に向けて表明する方略が用いられていた。RR、
KRRでは「事実の報告」が多く、キルギス語同様に帰納的ではあるものの、
「意見の陳述」で明確に意見を示しながら結論に導く方略であった。

　KK、KRKによるキルギス語意見文については、第一言語であるキルギス
語の影響が強いと考えられるが、KRKには「意見の陳述」も多く見られたこ
とから、ロシア語での文章の書き方を用いたということも考えられる。また、
KRKでは冒頭文での読み手への挨拶によって、書き手の意見表明を和らげる
意図が窺われ、キルギス語意見文においてはモノリンガルと異なる可能性が
あることが明らかになった。

　RR、KRRによるロシア語意見文では、共通して「意見の陳述」が多く見
られており、本研究においてはロシア語意見文に構成要素には顕著な差異は
見られなかった。しかしながら、冒頭文において、RRには専門家等の権威
ある人物の発言を引用する「事実の報告」が確認された。

　研究課題2：モノリンガルとバイリンガルが混在する地域における異なる
　　　　　　　言語話者は、意見文においてどのような発想を用いて読み手
　　　　　　　を説得しようとするか。【エートスと議論の型】

　本研究で実施した意見文課題からは、4群に共通して、「書き手の直接的
体験」「書き手と読み手が共有する関心と視点」が見られた。その中でも特
に「書き手の直接的体験」が4群間の間で好まれる「エートス」である。ま
た、Connor and Lauer（1985）では、「書き手の読み手への関心と視点に対する
敬意」の「エートス」が挙げられているが、本研究で扱った意見文課題につ
いては、KRKのみの出現に留まり、冒頭での読み手への挨拶だったことから、
意見文のような文章では用いられにくい可能性がある。

「エートスと議論の型」との関連について、キルギス語話者は「状況」の議論の型とエートスを組み合わせて用い、非本質的な議論を好むと思われる。一方、ロシア語話者、特にロシア語モノリンガル（RR）はエートスを支える議論の型として「定義」や「類似」といった本質的な議論の型を選択していたため、言語話者ごとに好まれる議論の型が異なる可能性がある。

　研究課題3：意見文の「事実と意見の配置に基づく文章構造」と「エートスと議論の型」において、キルギス語・ロシア語バイリンガルのそれぞれの言語的な優位性はどのように表出するか。

　「事実と意見の配置に基づく文章構造」において、KK と RR、KRK、KRR の間で段落における「事実・出来事の描写」と「書き手の意見陳述」の出現比率に偏りが見られた。個別の要素に着目すると、バイリンガル（KRK、KRR）の意見文では、RR に見られた「意見の陳述」を多く用いる傾向があったことから、本研究ではロシア語の優位性が高く表出したことがわかる。

　「エートスと議論の型」の観点からは、キルギス語話者はモノリンガル KK とバイリンガル KRK 間で使用する「エートス」が異なることが明らかになった。また、二群間で KK に見られない要素が KRK に見られた。立論形式としては、「状況」を用いる意見文が多く見られたことから、書き手は、主体性が弱く、非本質的な「議論の型」を好むと考えられる。

　ロシア語モノリンガル RR とバイリンガル KRR については、キルギス語話者のように使用する「エートス」には違いが見られなかったが、「議論の型」については、KRR の方が RR よりも書き手の主体性が弱く、本質への迫り方も非本質的な意見文が好まれる可能性がある。つまり、同じくロシア語が第一言語であるとしても、モノリンガルとバイリンガル間で書き手の主体性の強弱や、本質への接近の仕方が異なる可能性があるということである。

　また、二人称代名詞の使用に着目すると、ロシア語意見文では、読み手に対する直接的な問いかけや、二人称代名詞親称と敬称を使い分け、書き手の読み手への接近と忌避が見られた。一方で、KK、KRK のキルギス語意見文では、KK において二人称代名詞親称の使用は確認されたが、1つの文章の中

で、二人称代名詞の親称と敬称を使い分けている例は見られなかったことから、ロシア語独自の説得のストラテジーである可能性がある。

バイリンガルである KRK と KRR を比較すると、「書き手の読み手への関心と視点に対する敬意」に関して、二者間で「エートス」に差が見られた。「議論の型」については、2 群間で共通して「状況」が好まれているが、ロシア語意見文において、書き手の性格の良さに訴える「エートス」の場合はより書き手の主観が強い「定義」の立論形式が好まれると推測される。ただし、柳澤 (2006) で示されているように、主体性と本質性において「状況」と対極に位置する「定義」の議論の型を用いている KRR も見られたことから、第二言語のキルギス語の影響によるものかどうかという点は、書き手の第二言語能力を事前に測定しておくなど、今後検証する必要がある。本研究の予備調査において、キルギス語教授学校の学生は、思考する言語ではキルギス語、書く場面での使用言語にはキルギス語とロシア語の両方を用いることが明らかになっており、言語選択に乖離があることも考えられる。書き手に対し、フォローアップインタビュー等を行い、どちらの言語の枠組みを用いて意見文をまとめたのか、意見文の執筆途中で思考する言語を切り替える可能性も考えられるため、文、段落、文章レベルで言語選択を整理しておく必要があろう。

以上の点を考慮しながら、モノリンガルとバイリンガルが混在する地域文化を背景とするキルギス語・ロシア語バイリンガルの言語的優位性については、今後も詳細に分析していく必要がある。

2. 日本語教育への示唆

本研究で得られた知見は日本語に限らず、外国語教育において、教師は学習者の第一言語や、これまで受けてきた教育の背景にも注目する必要があることを示唆している。日本国内の日本語教育においては、様々な言語文化、教育的背景を持った学習者が 1 つの教室内で授業を受けることが多いが、そこでは学習者によって意見や考えを述べる文章の説得性の観点が異なっている可能性がある。本研究で分析の観点とした「事実と意見の配置に基づく文章

構造」や「エートスと議論の型」のように、書き手が読み手をどのように説得しようとしているか、説得のストラテジーの特徴を示すことで、日本語（目標言語）の「説得のストラテジー」を指導するとともに、学習者個々の第一言語での「説得のストラテジー」に着目することが可能になると考える。国語教育の分野においては意見文作成指導において、文章の型を提示することで、量的にも質的にも充実した意見文を書くことができたとの報告がある（清道2010）。日本語教育においても、国語教育と同様に、意見文を書く際に、第一言語での「事実と意見の配置に基づく文章構造」や「エートスと議論の型」が、教師から提示されることで、学習者が日本語だけではなく、意見文における説得のストラテジーの過程に着目することができ、より多角的な視点を持って意見文を書くことができると考えられる。

　キルギスのように、1つの国家や地域の中でモノリンガルとバイリンガルが混在している多言語社会には、複数の言語・文化的背景を持つ学習者が日本語教育現場に存在することが想定される。このような日本語教育現場においては、同じ教室内でも学習者の好む文章構造が異なる可能性があるため、教師は日本語の作文教育や指導を行う上で注意を払う必要がある。また、当該国・地域において第一言語教育でどのような作文教育が行われているかを理解しておくことは教師にとって有益であると考えられる。書き手が第一言語においてどのような説得の方略を好むかを教師が理解しておくことは、書き手と読み手の相互理解を促すとともに、説得的文章におけるコミュニケーション力の向上につながることが期待される。説得性の優劣ではなく、個々の特徴を客観的に示すことが重要である。さらに、学習者の母語と学習言語である日本語の間では、語用論的転移が起こる可能性もあり、教師が学習者の母語での論理構造と対照させることで、より効果的な作文指導が可能となるであろう。

　このように、説得を目的とする文章における説得のストラテジーを把握した上で作文指導を行うことは、学習者にとっても、第一言語と目標言語での論理構造を比較することにつながり、有益であると考えられる。しかしながら、難波（2008）によれば、安易に教育現場で文章の型指導を行うことは、「偽装された言語知識」を与えることになりかねず、型の指導の際には文章の相

手、状況、主張の内容に合わせる必要があるという。

　キルギス語モノリンガル、ロシア語モノリンガル、キルギス語・ロシア語バイリンガル（キルギス語優位）、キルギス語・ロシア語バイリンガル（ロシア語優位）のように、言語話者ごとに好まれる論理構造や説得のストラテジーを理解して学び、運用することができる学習者を育てることが重要である。

　現代の社会においてはグローバル化が進展し、多様な言語、文化が共生する多文化共生社会になり、日本語を媒介語として、日本語学習者と日本語母語話者間だけではなく、日本語学習者と日本語学習者間でのコミュニケーション場面により多く接することが考えられる。そのため、日本語の意見文であっても、母語、文化的価値観が異なる人々に対しても説得力のある文章とは何かを考えることや、日本語学習者の第一言語における文章の説得のストラテジーを明らかにしておくことは重要であろう。多文化共生という観点からも、異なる言語文化的背景を有する人々間でどのように共生することができるのか、その可能性と課題を、実際の文章や談話のデータから示すことが重要である。そうすることで、日本語教育だけではなく、異文化間・異言語間のコミュニケーションを円滑にすることが可能になると考える。

3. 今後の課題

　本研究では、モノリンガルとバイリンガルが混在する地域におけるバイリンガルの説得のストラテジーを、「事実と意見の配置に基づく文章構造」と「エートスと議論の型」の2つの観点から明らかにした。今後は、データをさらに追加し、本研究の結論を検証する必要がある。また、本研究ではなるべく多くのデータ数を確保するために、キルギス語、ロシア語、キルギス語・ロシア語バイリンガル（キルギス語優位）、キルギス語・ロシア語バイリンガル（ロシア語優位）の言語能力については、回答者による自己判断を基準とした。産出される文章の質にも影響することが考えられること、より詳細な回答者の言語背景を把握した上で研究結果の分析が可能となることからも、言語の使用頻度とともに、回答者の第一言語、第二言語の言語能力についても考慮し、データ収集を行う必要がある。

意見文の課題としては、書き手と同じ属性の読み手（同世代のキルギスの大学生）を設定し、「あなたはどのように思いますか。あなたの意見を書いてください。」という文言を課題文の最後に設けたが、先行研究において課題文の指示が文章構造に影響を及ぼすことが示唆されている（佐々木 2001）。このことからも、課題文の提示方法や研究者からの調査時の指示に留意することが必要である。例えば、「読み手を説得するつもりで文章を書いてください」のように、指示を変更してデータ収集を行い、今回の研究結果と比較することも必要であると考えられる。

　本研究では「説得」を、送り手が、主に言語的コミュニケーションを用いて非強制的なコンテキストの中で、納得させながら受け手の態度や行動を自らが意図する方向に変化させようとする（深田 2002）行為であるとし、Maynard (1998) の書き手の表現意図に基づく文章の分類に基づいて、「事実と意見の配置に基づく文章構造」と「エートスと議論の型」の 2 つの観点から意見文を分析してきた。しかしながら、本研究では書き手が用いる説得のストラテジーの特徴を明らかにすることに留まっており、モノリンガルやバイリンガルの書き手が書いた文章を、読み手がどのように理解し、書き手の意図する通りに読み手の意識や態度の変容が起こるかについては検証できていない。「説得」という行為の性質からも、書き手だけではなく、読み手が、書き手の文章をどのように理解し、文章を読む前と読んだ後で、どのような意識や態度の変容が見られるのかという観点からも分析を進めることで、モノリンガルとバイリンガルが混在する地域を背景とするバイリンガルの説得のストラテジーの特徴をより明らかにすることが可能になると考えられる。

　今回分析に用いたデータは、主として、回答者が母語で書いた意見文を日本語に翻訳したものを用いたが、母語での意見文を直接分析し、第一言語と学習言語（日本語）の意見文とを比較することで、説得のストラテジーの体系やその習得過程を明らかにすることが可能になると考えられる。

　本研究の意見文データを収集する過程で、特に、キルギス語モノリンガルが既定の語数に届かないことや、書きにくさを感じ、断念する様子も見られた。バイリンガルについては、ダブル・リミテッド等の要因を考慮し、書く能力別に回答者を分類して検証するとともに、書き手が主張したいことを語

れない文章として、意見文における「エートスと議論の型」を分析すること
も検討したい。

　また、本研究で収集した文章がキルギスにおける規範的な文章とは限らな
い点にも留意が必要である。この点については、例えば、初等中等教育段階
の各言語教授学校、高等教育機関での第一言語教育、第二言語教育の教科書
において例示されている作文を研究対象とし、本研究で収集した意見文との
比較を行うことも必要である。これにより、モノリンガルとバイリンガルが
混在する地域であるキルギスにおいて評価が高いとされる規範的な作文と説
得のストラテジーとの関連をより詳細に明らかにすることができると考えら
れる。

　最後に、本研究の結果が、キルギス語モノリンガル、ロシア語モノリンガ
ル、キルギス語・ロシア語バイリンガル（キルギス語優位）、キルギス語・ロシ
ア語バイリンガル（ロシア語優位）による独自に見られる説得のストラテジーの
特徴なのかどうかを検証するためには、キルギスと言語状況が類似している、
国家語が基幹民族言語で、公用語をロシア語とする二言語併用社会であるカ
ザフスタンのような旧ソ連諸国や、旧ソ連諸国に限らず、その他のモノリン
ガルとバイリンガルが混在する地域にて調査を行い、今回の研究結果と比較
することも重要であろう。

　以上のすべてを今後の課題としたい。

参考文献

石黒圭（2017）「第2章　文章とは何か―日本語の表現面から見たよい文章」李在鎬（編）
『文章を科学する』pp. 14–37, ひつじ書房.

伊集院郁子・高橋圭子（2012）「日本・韓国・台湾の大学生による日本語意見文の構造的特徴
―「主張」に注目して」『日本語・日本学研究』2, pp. 1–16.

伊集院郁子・盧妵鉉（2015）「日韓の意見文に見られるタイトルと文章構造の特徴―日本語
母語話者と韓国語母語話者と韓国人日本語学習者の比較」『社会言語科学』18（1）, pp.
147–161.

市川孝（1971a）「文章の種類」松村明（編）『日本文法大辞典』p. 735, 明治書院.

市川孝（1971b）「書き出しや結びの書き方」井上敏夫・倉沢栄吉・滑川道夫・藤原宏（編）
『作文指導事典』pp. 335–339, 第一法規.

入部明子（1998）「国際化時代に通用する論理的な文章の書き方」『日本語学』17（3）, pp.
14–21.

臼山利信（2005）「旧ソ連地域における社会環境の変化とロシア語事情―ウズベキスタン共和
国，キルギス共和国を中心として」『スラヴィアーナ』20, pp. 194–222.

臼山利信（2010）「タジキスタン共和国ドゥシャンベ市における社会言語学的調査の実施報告
―若者たちの言語意識を中心として」『第7回 文明のクロスロード―ことば・文化・社
会の様相―日本学学際シンポジウム報告書』pp. 41–53.

臼山利信（2014）「民族国家語とロシア語―グローカル化する中央アジアの言語状況」堤正典
（編）『ロシア語学と言語教育Ⅳ』pp. 22–31, 神奈川大学.

宇多文雄（2009）『ロシア語文法便覧』東洋書店.

ヴィゴツキー・レフ（2001）『新訳版　思考と言語』柴田義松（訳）新読書社.（Выготский
Лев（1956）*Избранные психологические исследования: Мышление и речь; Проблемы психологического
развития ребенка.* Издательство Академии педагогических наук РСФСР.）

岡本真一郎（2005）「言語的スタイルと説得―今後の研究の展開に向けて」『心理学評論』48
（1）, pp. 85–95.

小田桐奈美（2009）「言語から見た「共生」問題の重層性―中央アジアのキルギス共和国を事
例として」岡本智周・羽田野真帆（編）『共生をめぐる問題系の確認と展開―2009年度
IFERI共同セミナー』pp. 75–80, 筑波大学共生教育社会学研究室.

小田桐奈美（2015）『ポスト・ソヴィエト時代の「国家語」―国家建設期のキルギス共和国に
おける言語と社会』関西大学出版部.

金岡孝（1968）「現代における文章研究の展望と将来の課題」森岡健二（編）『作文講座4 文
章の理論』pp. 244–269, 明治書院.

神内武（1999）『ディスコース：談話の織りなす世界』くろしお出版.

金子弥寿彦（1996）「第2章 作文の基礎技術3 構成の技術」国語教育研究所（編）『作文技術

指導大事典』pp. 79–82，明治図書.

樺島忠夫（1983）「4. 文章構造」水谷静夫（編）『朝倉日本語新講座 5 運用 I』pp. 118–157，朝倉書店.

カルヴェ・ルイ＝ジャン（2010）『言語戦争と言語政策』砂野幸稔・今井勉・西山教行・佐野直子・中力えり（訳）三元社.（Calvet Louis-Jean（1987）*La guerre des langues et les politiques linguistiques*. Editions Payot.）

木下是雄（1990）『レポートの組み立て方』筑摩書房.

金宥暻（2006）「韓国人日本語学習者を対象とした日本語の文構成能力に関する研究」『日本語教育論集』22，pp. 3–17.

グロジャン・フランソワ（2015）『バイリンガルの世界へようこそ―複数の言語を話すということ』西山教行（監訳），石丸久美子・大山万容・杉山香織（訳）勁草書房.（Grosjean François（2015）*Parler plusieurs langues: le monde des bilingues*. Albin Michel.）

香西秀信（1983）「ウィーバー（Weaver, R.M.）の作文教科書『Composition』（1957）の国語教育論的意義について―トポスによる議論文指導の試み」『人文科教育研究』10，pp. 35–51.

香西秀信（1986）「説得的言論の発想型式に関する研究（1）―修辞学の復活」『琉球大学教育学部紀要 第一部』(39)，pp. 72–90.

香西秀信（1998）『修辞的思考―論理でとらえきれぬもの』明治図書.

小松久男・梅村坦・宇山智彦・帯谷知可・堀川徹（2005）『中央ユーラシアを知る事典』平凡社.

近藤章（1996）「第 3 章 ジャンル別表現の技術 5「意見文」の作文技術」国語教育研究所（編）『作文技術指導大事典』pp. 225–241，明治図書.

近藤行人（2013）「説得のアピールを用いた日本語学習者の論証文の分析―日本人大学生，ウズベキスタン人大学生との比較」『第二言語としての日本語の習得研究』(16)，pp. 160–177.

近藤行人（2017）「日本人教師とウズベク人教師の作文に対する文章観の比較」『社会言語科学』19 (2)，pp. 10–26.

西條結人・田中大輝・小野由美子（2015）「意見文課題における説得のアピールの日西対照研究―日本とスペインの学生の作文比較」『教育実践学論集』16，pp. 95–107.

西條結人（2019a）「多民族・多言語社会における言語選択と使用に関する社会言語学的研究―キルギスの大学生を対象とした調査の結果から」『語文と教育』33，pp. 1–13.

西條結人（2019b）「説得を目的とした文章に関する対照修辞学研究の概観及び展望」『教育学研究ジャーナル』24，pp. 13–22.

西條結人（2021）「第 6 章 キルギス―多民族・多言語社会における教授言語別教育の現状と課題」大塚豊（監修），小原優貴（編著）『アジア教育情報シリーズ第 3 巻 南・中央・西アジア編』pp. 91–106，一藝社.

阪倉篤義（1963）「文章の機能と目的」森岡健二（編）『講座現代語 5 文章と文体』pp. 1–18，明治書院.

迫田久美子（2020）『改訂版 日本語教育に生かす第二言語習得研究』アルク.

佐々木泰子（2001）「課題に基づく意見の述べ方—日本人の場合・留学生の場合」『日本語教育のためのアジア諸言語の対訳作文データの収集とコーパスの構築』平成11・12年度科学研究費補助金研究基盤研究（B）研究成果報告書』pp. 219–230.

塩川信明（1999）「ソ連言語政策史再考」『スラヴ研究』46，pp. 155–190.

塩川伸明（2004）『民族と言語—多民族国家ソ連の興亡Ⅰ』岩波書店.

渋谷謙次郎（2007）「「母語」と統計—旧ソ連・ロシアにおける「母語」調査の行方」『ことばと社会』10月号，pp. 175–207.

杉田くに子（1994）「日本語母語話者と日本語学習者の文章構造の特徴—文配列課題に現れた話題の展開」『日本語教育』（84），pp. 14–26.

杉田くに子（1995）「日英対照レトリック—文章の流れはいかに分節されるか」『アメリカ・カナダ大学連合日本研究センター紀要』（18），pp. 35–50.

スリュウサレーヴァ・エレーナ（2011）「書き言葉における，生徒・学生の対教師言葉遣いについて—ロシアの小学校・中学校・高等学校・大学の調査結果から」『言語の普遍性と個別性』2，pp. 103–118.

清道亜都子（2010）「高校生の意見文作成指導における「型」の効果」『教育心理学研究』58（3），pp. 361–371.

相馬良仁（2005）「「型」が「書く力」の入り口を築く」『教育科学国語教育』6月号，pp. 60–63.

田浦秀幸（2014）「第5章 読み・書き・語る能力の発達」山本雅代（編）『バイリンガリズム入門』pp. 3–19，大修館書店.

トラッドギル・ピーター（1975）『言語と社会』土田滋（訳）岩波書店．（Trudgill Peter (1974) *Sociolinguistics: an introduction*. Penguin.）

永野賢（1968）「文章の分類論」森岡健二（編）『作文講座4 文章の理論』pp. 94–141，明治書院.

難波博孝（2008）「国語教育とメタ認知」『現代のエスプリ』（497），pp. 192–201.

西原鈴子（1990）「日英対照修辞法」『日本語教育』（72），pp. 25–41.

野内良三（1998）『レトリック辞典』国書刊行会.

野内良三（2002）『レトリック入門—修辞と論証』世界思想社.

バーク・ケネス（2009）『動機の修辞学』森常治（訳）晶文社．（Burke Kenneth (1950) *A rhetoric of motives*. Prentice-Hall.）

長谷川哲子・堤良一（2012）「意見文の分かりやすさを決めるのは何か？—大学教員による作文評価を通じて」『関西学院大学日本語教育センター紀要』創刊号，pp. 7–18.

バルト・ロラン（2005）『新装版 旧修辞学便覧』沢崎浩平（訳），みすず書房．（Roland Barthes (1970) L'ancienne rhétorique: aide-mémoire. *Communications* (16)，pp. 172–223.）

深田博己（2002）「第1章 説得研究の基礎知識」深田博己（編）『説得心理学ハンドブック—説得コミュニケーション研究の最前線』pp. 2–43，北大路書房.

ベーカー・コリン（1996）『バイリンガル教育と第二言語習得』岡秀夫（訳）大修館書店．（Baker Colin (1993) *Foundations of bilingual education and bilingualism*. Multilingual Matters.）

堀口大樹（2019）「インタビュー調査に基づいたバルト3国のロシア語系住民の言語状況の考察」『スラヴ文化研究』16，pp. 1–21.

前川孝子（2020）「日本の小論文と中国の議論文における論拠の特徴」『表現研究』(111)，pp. 31–40.

巳野欣一（1988）「意見文（作文）」国語教育研究所（編）『国語教育研究大辞典』pp. 43–44, 明治図書.

村越律子（2007）「二人称代名詞親称と敬称（T/V）：ロシア語の場合」『Lingua』(18)，pp. 181–193.

柳澤浩哉（1993）「トポスによる説得的言論分析の試み―近松におけるロゴスの意味」『日本研究』8, pp. 21–39.

柳澤浩哉（2004）「冒頭のレトリック」『広島大学日本語教育研究』14，pp. 89–93.

柳澤浩哉（2006）「第2章 言語使用と社会・文化　第6節 レトリックと言語行動」縫部義憲（監修），町博光（編）『講座・日本語教育学第2巻 言語行動と社会・文化』pp. 146–159, スリーエーネットワーク.

柳沢好昭・石井恵理子（1998）『日本語教育重要用語』バベルプレス.

柳田賢二（2020）「リンガフランカから単一言語話者の母語への影響による言語変化について―ウズベキスタンのロシア語リンガフランカとロシア語単一話者を題材に」『Slavistika 東京大学大学院人文社会系研究科スラヴ語スラヴ文学研究室年報』35, pp. 435–452.

山本雅代（2014）「第1章 バイリンガリズム・バイリンガルとは」山本雅代（編）『バイリンガリズム入門』pp. 3–19, 大修館書店.

リース・サム（2014）『レトリックの話 話のレトリック―アリストテレス修辞学から大統領スピーチまで』松下祥子（訳）論創社.（Leith Sam（2011）*You talkin' to me?: rhetoric from Aristotle to Obama*. Profile Books Ltd.）

ルリヤ・アレクサンドル（2020）『新装版　言語と意識』天野清（訳）金子書房.（Лурия Александр（1979）*Язык и сознание*. Издательство Московского университета.）

若尾忠（1988）「構成」国語教育研究所（編）『国語教育研究大辞典』pp. 290–292, 明治図書.

Appel Rene, and Muysken Pieter（2005）*Language Contact and Bilingualism*. Amsterdam Academic Archive.

Biber Douglas, Connor Ulla, and Upton Thomas A.（2007）*Discourse on the Move: Using corpus analysis to describe discourse structure*. John Benjamins Publishing Company.

Breusenko L., and Matokhima T.（2019）*Ruskii yazyk: Uchebnik dlya 6 klassa shkol s russkim yazykom obucheniya*. ARCUS Publishing.（Бреусенко Л., Матохина Т.（2019）*Русский язык: Учебник для 6 класса школ с русским языком обучения*, Издательство Арукс.）

Brown, P. and Levinson, S.（1987）*Politeness: some universals in language usage*. Cambridge University Press.

Connor, U. and Lauer, J.（1985）Understanding Persuasive Essay Writing: Linguistic/Rhetorical Approach. *Text*, 5（4），309–326.

Connor, Ulla（1996）*Contrastive Rhetoric*. Cambridge University Press.

Corbett E.P.J, and Connnors R.J.（1999）*Classical Rhetoric for the Modern Student*（4th Edition）, Oxford University Press.

Fargason, A., Charles（1959）Diglossia.*WORD*, 15（2）, 325–340.

Hinds, J.（1983）Contrastive rhetoric: Japanese and English. *Text*, 3, 183–195.

Huskey Eugene（1995）The Politics of Language in Kyrgyzstan. *Nationalities papers*, 23（3）, 549–572.

Imanov A., Kaybïldaev A., Saparbaev A., and Usubaliev B.（2016）*Kïrgïz tili: Sintaksis,* Ⅱ *-bölük.Orto mektep. 8-klassï üchün okuu kitebi*. Bilim komp'yuter.（Иманов А., Кайбылдаев А., Сапарбаев А., Усубалиев Б.（2016）*Кыргыз тили: Синтаксис, II- бөлүк. Орто мектеп. 8-классы үчүн окуу китеби*, Билим-Компьютер.）

Kamimura, T. and Oi, K.（1998）Argumentative Strategies in American and Japanese English. *World English*, 17（3）, 307–323.

Kaplan, Robert B.（1966）Cultural Thought Patterns in Intercultural Education. *Language Learning*, 16, 1–20.

Khrakovskii Victor, and Volodin Aleksandr（1986）*Semantika i tipologiya imperativa: Ruskii imperativ*. Izdatel'stvo «Nauka» Leningradskoe otdelenie.（Храковский Виктор, Володин Александр（1986）*Семантика и типология императива: Русский императив*, Издательство «Наука» Ленинградское отделение.）

Korth Britta（2005）*Language Attitudes towards Kyrgyz and Russian*; Discourse, Education and Policy in post-Soviet Kyrgyzstan. PETER LANG.

Kïrgïz Respublikasïnïn Bilim berüü jana ilim ministrligi（2018）*Kïrgïz Respublikasïnïn jalpï bilim berüü uyumdarnïn 5-9 klasstarï üchün «Kïrgïz tilin ene tili katarï okutuunun» predmettik standart*. Kïrgïz Respublikasïnïn Bilim berüü jana ilim ministrligi, https://kao.kg/wp-content/uploads/2020/02/Кыргыз_тили_кырг.школ_5-9_кырг.pdf（2022 年 10 月 1 日閲覧）（Кыргыз Республикасынын Билим жана илим министрлиги（2018）*Кыргыз Республикасынын жалпы билим берүү уюмдарынын 5-9-класстар үчүн «Кыргыз тилин эне тили катары окутуунун» предметтик стандарт*, Кыргыз Республикасынын Билим жана илим министрлиги.）

Landau M. Jacob, and Kellner-Heinkele Barbara（2001）*Politics of Language in the ex-Soviet Muslim States-Azerbayjan, Uzbekistan, Kazakhstan, Kyrgyzstan, Turkmenistan and Tajikistan*. Hurst and Company.

Mamytova Eleonora（2014）*Kyrgyzskii dlya nachnayushchikh*. Izdatel'stvo ARCUS.（Мамытова Элеонора（2014）*Кыргызский для начинающих*, Издательство Арукс.）

Maynard, S.K.（1998）*Principles of Japanese discourse: a hand book*. Cambridge University press.

Ministerstvo obrazovaniia i nauki Kyrgyzskoi Respubliki（2020）*Ob utverzhdenii perechnia uchebnikov, rekomenduemykh dlya ispol'zovaniia obrazovatel'nymi organizatsiiami Kyrgyzskoy Respubliki s kyrgyzskim, russkim, uzbekskim i tazhdikiskim yazykami obucheniya na 2020–2021 uchebnyy god*. Ministerstvo obrazovaniia i nauki Kyrgyzskoi Respubliki. https://edu.gov.kg/media/files/871c5387-0041-4436-ad15-9e06fc4f7e60.pdf（2022 年 10 月 1 日閲覧）（Министерство образования и науки Кыргызской Республики（2020）*Об утверждении перечня учебников, рекомендуемых для использования общеобразовательными организациями Кыргызской Республики с кыргызсктм, русским, узбекским и таджикиским языками обчения на 2020–2021 учебний год*, Министерство образования и науки Кыргызской Республики.）

Natsional'nyi statisticheskii komitet Kyrgyzskoi Respubliki（2018）*Statisticheskii sbornik «Obrazovanie i nauka v Kyrgyzskoi Respublike»*. *Natsional'nyi statisticheskii komitet Kyrgyzskoi Respubliki*. http://www.stat.kg/media/publicationarchive/96f08785-4102-4037-9650-bfe7315eaa68.pdf（2022年5月29日閲覧）（Национальный статистический комитет Кыргызской Республики（2018）*Статистический сборник «Образование и наука в Кыргызской Республике»*, Национальный статистический комитет Кыргызской Республики.）

Orusbaev Abdykadyr, Arto Mustajoki, and Ekaterina Protassova（2008）Multilingualism, Russian Language and Education in Kyrgyzstan. *International Journal of Bilingual Education and Bilingualism*, 11（3-4）, 476–500.

Skutnabb-Kangas, T.（1984）*Bilingualism or Not – The Education of Minorities*. Multilingual Matters.

Tokbek uulu Bakytbek（2009）*Learn the Kyrgyz Language: Connecting with People and Culture*, Continent Print.

Weaver, Richard M.（1970）Language is Sermonic. In Johannesen, Richard S., Strickland Rennard and Eubanks, Ralph T.（Ed.）*Language is Sermonic: Richard M. Weaver on the Nature of Rhetoric*, pp.201–225, Louisiana State University Press.

Weaver, R.M.（1974）*A Rhetoric and Composition handbook*. William Morrow & Company（Marrow Paperback Editions）.

資料 1	言語選択・使用に関する予備調査 質問項目一覧

0. 回答者に関する概要

0.1. 性別

0.2. 年齢

0.3. 所属民族

0.4. 母語（キルギス語／ロシア語／キルギス語、ロシア語両方／その他）

0.5. 出身地

0.6. 出身学校名称

0.7. 出身教授学校（キルギス語教授学校／ロシア語教授学校／その他）

1. 回答者の言語使用について

1.1. 日常生活の中で、話すとき、どの言語を使用していますか。

1.2. 日常生活の中で、読み書きをするとき、どの言語を使用していますか。

1.3. 頭の中で物事を考えるとき、何語で考えていますか。

2. 学校生活における言語使用について

2.1. 授業中、一般的に教師とは、どの言語を使って話をしていますか。

2.2. 授業中、友達同士ではどの言語を使って話をしていますか。（ディスカションや意見交換等）

2.3. 授業中に、メモやノートテイキングをするとき、どの言語を使いますか。

2.4. 授業外で、友達同士ではどの言語を使って話をしていますか。

2.5. 授業外で、教師とは、どの言語を使って話しをしていますか。

3. メディアで接している言語について

3.1. 一般的に、電話のとき、どの言語を使用しますか。

3.2. 一般的に、スマートフォンで WhatsApp やメッセンジャー等のアプリを使うとき、どの言語を使用しますか。

注　実際の調査用紙では、キルギス語とロシア語の二言語を併記したものを使用した。

| 資料
2 | 「意見文【課題】【課題文】」日本語
版、キルギス語、ロシア語翻訳版 |

1 「意見文【課題】【課題文】」日本語版

【課題】

　下の課題文を読んで、自分の意見をキルギス語150語以上／ロシア語180語以上で書いてください。（この作文は、あなたと同じ世代のキルギスの大学生が読むつもりで書いてください。）

【課題文】

　いま、世界中で、インターネットが自由に使えるようになりました。ある人は「インターネットでニュースを見ることができるから、もう新聞や雑誌はいらない」と言います。一方、「これからも、新聞や雑誌は必要だ」という人もいます。あなたはどのように思いますか。あなたの意見を書いてください。

2 「意見文【課題】【課題文】」キルギス語翻訳版

«Көрсөтмө»

　Төмөндөкү тапшырмаларды окуп өзүңүздүн оюңузду 150 сөздөн көбүрөк жазганга аракет кылыңыз. Өзүңүзгө эле окшогон студенттер окуйт деген ниет менен жазыңыз.

«Тапшырма»

　Азыркы заманда ар бир адамдын интернет колдонуу мүмкүнчүлүгү бар. Кээ бирөөлөр айтышат, интернеттин пайда болушу менен гезит журналдарды окуу зарылчылыгы жоголду деп. Ошол эле убакта айрымдар гезит журналдар келечекте керек болот деп айтышат. Бул жөнүндө сиз кандай ойлойсуз? Толук жазыңыз.

113

3 「意見文【課題】【課題文】」ロシア語翻訳版

> **«Указание»**
>
> Прочтите нижеследующее задание и постарайтесь написать свое мнение, используя более 180 слов. Пишите с намерением, что его будут читать такие же студенты, как и вы.
>
> **«Задание»**
>
> В наше время, доступ к интернету имеет каждый. Одни говорят, что с появлением интернета, нет необходимости читать газеты и журналы. В то время, как другие считают, что газеты и журналы и в будущем нам будут нужны. Что вы думаете об этом? Напишите подробней.

資料3から資料6は、本研究で扱ったキルギス語モノリンガル、ロシア語モノリンガル、キルギス語・ロシア語バイリンガル（キルギス語優位）、キルギス語・ロシア語バイリンガル（ロシア語優位）の意見文112編のうち、サンプルとして40編を掲載する。

なお、本研究で収集したキルギス語、ロシア語意見文の中には、語彙・表現の誤記、文法の誤用等が見受けられるものも確認されたが、原文のまま掲載している。

資料 3	キルギス語モノリンガル（KK）意見文データサンプル10編

資料3では、キルギス語モノリンガルの意見文データ18編のうち、10編をサンプルとして掲載する。

KK01

　　Чындыгында ар бир адам азыркы учурда көптөгөн жаңы жана кызыктуу маалыматтарды интернет булактарынан таба алышат. Адамдардын көп убакыт телефон карап, көрүү мүмкүнчүлүгүн бузушат.Биздин чоң ата чоң энелерибиз мурунку учурда телефондо интернетти колдонууну билбей, ар бир күн сайын китепканалардын жанында жаңы китептердин келгенини күтүп, жаңы келген гезит журналдарга жазылып, жаңы маалыматтарды таап окушчу.Ошону менен бирге билимин алдыга жылдырып көптөгөн ийгиликтерди көрүшчү.Көп окуган көптү билет дегендей, эне тилин сыйлап, эне тил үчүн жашап, эне тилин бийик көргөндөр мурунку учурда абдан көп болгон.

　　Ал эми азыркы учурда жаңы, жакшы маалыматтарды интернеттен көрөт дагы башкаларга жеткирип бере албай калат. Мен ойлойм ушул туура эмес чети деп. Ал эми бизден улуулар алардын кректүү жактарын жазып алып өзүнөн кичүүлөргө түшүндүрүп берип жакшы жактарын 100 пайызгы чейин жеткирип бере алган. Эне тилдин мындан дагы бийик өсүшүнө гезит журналдардын азыркы убакта жардамы өтө чоң. Канчалык көп окуп жаңы маалыматты издеп турсаң ошончолук билимиң өркундөйт, баарынан ийгилиги гезит журналдын жардамы менен өсөт. Билимдүү билгенин иштейт, билбеген бармагын тиштейт деп бекеринен айтылбаса керек.

　　実際に、最近では誰もがインターネットで新しく、興味深い情報をたくさん見つけることができる。人々は長時間携帯電話を使っているため視力が弱くなっている。私達の祖父母は携帯電話やインターネットが無かった過去の時代に、

毎日新しい本や新聞などが図書館に配架されることを待ち、定期購読の雑誌や新聞などから新しい情報を得ていた。そのおかげで知識を増やし、多くの成功を収めることができた。本をたくさん読む人は、たくさんのことを知っていると言われる通り、昔は母語を大切にし、母語のために努力し、母語を尊重する人がたくさんいた。

　今はインターネットで新しいニュースを読むことができても、他の人に伝えられない人々もいる。私はこの点を改善しなければないと思う。古い世代の人は新聞などを読むときに重要な部分をメモしておき、自分より若い人たちにその意味を説明し、良い側面を100%伝えられていた。母語をさらに発達させるために新聞や雑誌などの役割が今極めて重要である。たくさんの本を読み、新しい情報を探せば探すほど知識を増やせるし、新聞や雑誌などを活用することによって成功を成し遂げられる。「教育のある人は好きな仕事をする、教育のない人は親指をかむ」と言われるのは当然のことである。

KKO2

　Азыркы биз жашап жаткан 21 кылым технологиянын, интернеттин өнүккөн доору десек болот. Биз азыр эмнени издеп жатсак, эмне керек болсо, дароо эле интернетти жардамга чакырыбыз. Карысы болобу, же жашы, а тигүл кичинекей 1 жашка толо элек бала да мобилдик телефонду алары менен интеретке киришет.

　Интернет биздин жашообуздун бир бөлүгү болуп калды десек да жаңылышпайбыз. Кээ бир адамдардын "интернет досум жок болгондо эмне кылмакпыз" деген сыяктуу сөздөрүн да угуп калабыз. Демек бул сөздөр менен да интернет адамга дос деген ойду да түшүндүрүп калат. Ооба бул нерсе баардык жерде жеткиликтүү. Айылда болобу, шаарда болобу, тоодо болобу болгон жерде акырындык менен жетишип келе жатат.

　Ал эми интернеттин көбөйүшү, газета,журналдардын окулбай калышына себеп экенине кошулбайм. Анткени, "беш кол тең эмес" дегендей кээ бир адамга тактап айтканда үйдө отурган адамдар газета, журналдардан жаңылыктарды окуганды жакшы көрүшөт, талап кылышат. Алардын оюу интернет бул ден соолугуна зыян келтирээрин айтышат.

Менин оюмча интернеттин да, газета журналдардын да пайдасы бар. Ошондуктан, бул нерселерди токтотууга деле керек эмес деп ойлойм. Анткени, интернеттер, массалык маалымат каражаттары келечекте, жашоого керек.

現在、私達が生きている21世紀はテクノロジーやインターネットが発達した時代である。私たちは、現在、何かを探すとき、何かを必要とするときにすぐにインターネットに助けを求める。高齢者も若者も、1歳未満の子供さえ、携帯電話を手に取れば直ちにインターネットにアクセスしようとする。

インターネットは間違いなく私たちの人生の一部になった。周りから時々「インターネットという友人がいなかったらどうしていたのだろう」と言っているのを耳にすることがある。それは、インターネットが人間の友人だという意味をも表している。現在、インターネットにどこからでもアクセスできるようになった。今は農村部や都市部、山間部など、どこからでもインターネットにアクセスできるようになりつつある。

インターネットの普及が、新聞や雑誌などが読まれなくなった理由だとは思わない。なぜならば、「五本の指は同じではない」と言われるように、特に毎日家で過ごす人々にとっては、ニュースを新聞や雑誌などから読むのが好きかもしれない。このような人々はインターネットが人の健康に悪影響を与えると主張している。

私の意見ではインターネットも新聞、雑誌も役に立つ。したがって、使用を禁止することは必要ではないと思う。なぜならば、インターネットやマスメディアなどは将来我々の生活に必要だからである。

KK03

Жогоруда айтылып кеткендей бүгүнкү күндө интернет колдонуу мүмкүнчүлүгү кеңири жайылган. Кары дебей, жаш дебей баары тең телефон колдонууну өздөштүрүшкөн. Албетте, бул маалматтарды алуунун булагы. Андан сырткары байланыш түзүүнүн жолу болуп эсептелинет. Интернет аркылуу үйдөн чыкпай эле соода кылууга болот. А тигүл дуйнөдө эмне болуп жатканын жана азыркы учурдагы адамзаттын, жадакалса планетанын жашоосун билүүгө болот.

Бирок ошону менен бирге эле гезит-журналдарды окуу, китепканага баруу зарылчылыгы азайды. Бардык эле адамдар деп айтууга болбойт, ошентсе алар коомдук басымдуу бөлүгүн ээлейт. Эми өзүбуз деле ой жүгүртүп көрсөк, китепканага барып китеп алып окууну ким сүйөт? Же болбосо колунда даяр интернет аркылуу эле, үйдөн эч жакка чыкпай өзүңө керек маалыматтарды таап алсаң болот.

Эгер менин оюмду билиңер келсе, анда мен мындай деп ойлойм: Интернеттин деле көп жашкы жактары бар. Аларды жогоруда санап өттүм. Бирок көпчүлүк учурда биз туура эмес маалыматтарды интернет аркылуу кабыл алып жатабыз. Себеби кээ бир адамдар өздөрү атайлап эле элдин башын айлантуу үчүн туура эмес, чындыкка өңдөнбөгөн маалыматтарды таркатат. Бул болсо коом үчүн өтө каттуу. Ошондуктан интернет дайыма эле чындыкты айта бербейт.

Ал эми гезит-журналдардын пайдасы бул болуп өткөн маалыматтарды, окуяларды, көйгөйлөрдүн күңгөй-тескейин кылдат текшерип, алдын ала даярдаган маалыматтардын негизинде басылып чыгарылат. Жана колдонууга да ыңгайлуу, эсте көпкө калат. Андан сырткары толгон токой адамдын акыл-эсин өстүрүүчү нерселер катылган. Гезит-журналдарды улгайган адамдар гана эмес, жаш балдар, мектеп курагындагы окуучулар үчүн да абдан пайдалуу.

これから述べるように、現在、インターネットを使用する機会がますます広がっている。高齢者から若者まで電話の使い方が分かる。もちろん、情報を得る手段として使われる。その他にも連絡を取る手段としても使用されている。インターネットを使って、外出することなく、オンラインショッピングができる。そして、世界で起きている出来事、現在の人類に関する問題、より言えば地球で何が起こっているのかまで知ることができる。

しかし、それと同時に新聞や雑誌などを読むこと、図書館に行く必要性が少なくなってきた。全員とは言えないが、社会の大半をそのような人々が占めている。確かによく見てみたら、現在わざわざ図書館に行って本を借りてから読

むのはいったい誰が好むのだろうか。手元にあるインターネットを使い、家に
いながら必要な情報を見つけられるようになっている。

　もし私の意見を知りたければ、私の意見は以下通りである。インターネット
に良い側面が多い。そのいくつかの側面をすでに数点示してきた。しかし、多
くの場合我々は確かではない情報をインターネットから得ている。なぜならば、
わざと人々を惑わすために嘘報、真実から程遠い情報を配信している人がいる
からである。それは社会のために良くないことである。それ故に、インターネ
ットはいつも真実を伝えているわけではない。

　新聞や雑誌などのメリットは、過去の情報、出来事、問題などの背景を調べ
てから確認された事実を基に発行することにある。さらに、新聞・雑誌などは
読みやすくて印象にも深く残る。その他にも多くの人々の知性を向上させるあ
らゆるコンテンツも含まれている。新聞・雑誌などはお年寄りだけではなく、
子供も、学校の生徒達のためにも役立つものである。

KK04

　Азыркы учурда биз 21кылымда жашап жаткан учурубуз. Техниканын онүккөн
учуру. Адам баласы жалкоолук менен дос болгон кез. Баары техника, интернеттин
пайда болушу менен көп нерселер озгөрүүдө. Керек десе адам баласы үйдө жатып
дүйнөнүн төрт бурччун 15 минутада кыдырып коюп жатышат. Бул көрүнүшкө мен
макулмун. Бирок ушул эле көрүнүш адам баласын аксатып да коюп жатат. Байкап
көрсөк Адам ата-бабаларыбыз бир кезде сыя менен кат жазып бири-бири менен
кабарлашчу. Ал кезде калем, кагаз, сыя гана бар болчу. Ошо менен эле мурда ыссык,
суук, грине деген гана ооруулар бар болчу. Азыр баары бар же кааласаң бүт телефон,
компьютер, телефондор ж.б. Мына ушундай нерселер пайда болуп адам баласына бир
жеринен пайда бир жеринен зыян болуп жатат. Мен интернеттин пайда болушуна
көп макул боло бербейм мен. Бирок такыр жок болушуна да кошулбайм, чек-чеги
ыгы менен пайдалансак. Эгерде биз мындай темп менен кетсек, албетте, гезит,
журналдардын жок болуп кетиши толук мүмкүн. Себеби, баары интернет урунушат

(пайдаланышат) маалыматтарды ошол жактан алышат да кагаздар гүлгө айланып кала берет. Интернеттин жок болуп кетиши менен каада-салтыбыз, үрп-адатыбызда жок болот. А эгер кагаз бетине түшүрүлсө уламдан улам жаңыланып муундан муунга өтө берет.

　現在、私たちは21世紀の時代に生きている。技術が発達した時代である。人間が怠け者と仲良しになった時代でもある。技術やインターネットなどの出現とともに、多くのことが変化してきている。例えば、家にいながら世界の隅々まで15分で「旅する」ことができるようになった。このような現象が悪くはないと思う。しかし、これによって人間に良くない影響も与えられている。過去に、我々の祖先たちはインクで手紙を書き、お互いと連絡を取り合っていた。その時代にペンと紙、そしてインクだけが存在していた。そして過去の病気も「熱病」と「寒病」だけがあった。現在は、電話やコンピューターなど、全てが揃っている。これらの新しい「モノ」の出現は人間に良い影響も与えれば、悪い影響も与えている。私は、インターネットの出現がそれほど良いとは思わない。だが、まったく無くなることも良くないと思うし、使用すぎないよう適度に使わなければならない。もし、現在の状態がこのまま続くと、新聞・雑誌などがなくなる可能性は十分にある。なぜならば、皆がインターネットを使い、もっぱらインターネット上から情報を得られるようになり、紙媒体のメディアが必要ではなくなるからである。インターネットが無くなれば、我々の伝統や習慣等もなくなってしまう。もし、紙に残されると、更新されながら次の世代に確実に伝わるのだ。

KK05

　Заманбап технологиялардын өнүгүшү менен биздин жашоого жеңилдик тартуулаган гаджетттер пайда болууда. Ооба, бул кадимки көрүнүш. Себеби инновация мезгили. Интернет ошол технология менен биргеликте күйнө жүзүн өзүнө байлаган кез десем жаңылышпасам керек. Биздин күнүмдүк жашообузда абдан чоң пайдасы тийип жатат десем бул талашсыз. Эң биринчи эле бул убакыттын үнөмдөлүшү. Коммуникалдык кызмат, салык, эсеп болтуруубу, айтор бардык жагынан эле пайдасы. Ошондуктан башкы маселе пайда болуп, ал азыркы учурдун талаш-тартышы жана актуалдуу маселеси болуп келет. Интернеттин бизге пайдасы жана зыяны, дегеле анын азыркы учурда биздин жашообуздагы орду кандай?

Чу дегенде эле улуу муундардын айтымы боюнча азыркы жаштар интернет аркылуу окушуп китеп, журналдарга көңүл бурбай калганы. Же башкача айтканда социалдык тармактарга баш оту менен кирип окууга көңүл бурбай өзүнүн көпчүлүк убактысын интернетке короткону. Бул маселе албетте интернет менен тандоого алып келет.

Жеке менин оюмча жана менин тандоом интернет тарапта. Менин тандоомдун да өзүнүн себептери жооптору бар. Бириничиден интернет колдонууда убакытты туура колдонобуз. Дегеним, керектүү маалыматтын тез табылышы. Экинчиден, биздин өлкөдө окуу-куралдары менен окуучуларды камсыздоо ар дайым аксап келет. Бир китеп, бирөөсүндө болсо, экинчисинде жок, а үчүнусүндө тантыгы чыгып окууга жараксыз. А интернеттен биз ошол китепти көчүрүп алсак болот. Окуучуларды караңыздарчы! Кичинекей 1-2-3-класстын окуучулары өздөрү кичинекей болуп алып өзүнөн 2 эсе чоң китеп баштыгын көтөрүп алат. Планшетке керек болсо 10 китеп жүктөп алсаңыз оң го. Кийинки артыкчылыгы болуп интернет чөйрөсүндө маалыматтын тез жетиши. Башкы артыкчылык жана башкы себеби ушул деп ойлойм. Ар дайым керектүү маалымат жаныңда, гезит-журнал тууралуу айта албайсың.

Бирок бул ой менен мен гезит-журналдардан такыр эле баш тартуу тууралуу жазганым жок. Аларды да окуунун керемети бар, өзүнүн сыйкыры бар. Бирок башкы суроо:Биз жаштар гезит-журналдарды сатып алып алууга даярбызбы?

技術の発達とともに私たちの生活を楽にしてくれるツールも増えている。これは当たり前のことである。なぜならば、イノベーションの時代であるからだ。インターネットはこれらの技術とともに世界中を縛り上げていると言っても間違いない。我々の日常生活において非常に役立っていることは異論を持たない。一つ目は、時間を節約することができることである。連絡サービス、税金の支払いサービス、計算など様々な分野で役に立つことが多い。しかし、その一方

でインターネットに関する大きな疑問点も浮き彫りになり、現在、その問題が社会の中で議論を引き起こし、話題の問題となっている。それらは、インターネットの有用性と有害性の問題、そして私たちの生活におけるインターネットの役割がどのようなものであるべきかという諸問題である。

　上の世代は、現代の若者がインターネットを通じて学び、本や雑誌等に気を払わなくなったとよく嘆くことがある。言い換えれば、SNSに夢中になってしまい、勉強に無関心で、すべての時間をインターネットに使っているという意味である。確かにこの問題はインターネットへの選択につながる。

　私の個人的な意見では、私はインターネットを選ぶ。その理由は次の通りである。一つ目は、インターネットを使うと時間を節約することができる。それは必要な情報がすぐに見つけられるということにある。二つ目は、私たちの国では学校の教材が常に足りない状況である。一人の生徒が本を持っていれば、もう一人が持っていない、あるいは持っていたとしても状態が悪くて使えない。しかし、インターネットがあれば必要な本を購入してすぐにダウンロードし、手に入れられる。小学生を見て欲しい。1、2、3年生の小さな小学生が、自分達より2倍は大きな鞄に本を入れて背負っている。必要であれば、タブレットに10冊の本をダウンロードした方が良いのではないだろうか。次のインターネットの良い面は、情報が早く伝わることである。以上、インターネットの主な有用性を紹介した。常に必要な情報がそばにある、新聞や雑誌等では、このようなことはない。

　しかし、このように述べる私は新聞や雑誌などが全く必要ないと言いたくない。新聞・雑誌を読むことにそれなりの感動があり、不思議さがある。しかし、ここで重要な問題がある。それは我々若者が新聞・雑誌を買ってくれると、どれほど期待できるのだろうか。

KK06

　　XX кылымдын экинчи жарым жылдыгынан баштап, мындайча айтканда акыркы 70-80 жылдар аралыгында адамдар телефон пайдалана башташкан. Албетте эң алгач телефонду Европада колдонушкан. Жылдар өткөн сайын жайылып отуруп бүткүл дүйнөгө тарады. Жыл өткөн сайын мурункусуна караганда кубаттуусу чыгып отуруп, акыркы жылдары уюлдук телефонду баардыгы эле колдонуп калышты. Азыркы учурда 5-6 жаштагы кичинекей бөбөктөн баштап, 70-80-жаштагы чоң-ата, чоң-энелерибиз да уюлдук телефонсуз жүрүшпөйт.

Азыркы учурдагы замандын көйгөйү да, кандайдыр бир маселелердин чечими да интернет болуп келет. Акыркы 10 жыл аралыгында чыккан уюлдук телефондордун баарында интернет бар. Ошол себептүү дээрлик бардык адамдар интернет колдонуучулары десек жаңылышпайбыз. Биздин заманда интернетти колдонуу пайдасын эмес, зыянын көбүрөөк алып келүүдө. Анткени жаш өспүрүмдөр да таң атып, күн батканга чейин интернетте отурушат. Билим булагы деп эсептелинген китепке кызыгуусу жок. Ооба, китепте жазылганды интернеттен да тапса болот жана практика жүзүндө да көрө алат. Бирок кечке уюлдук телефонду карап отуруу көзгө зыян, жана бир орунда эле отура берүү денебизге да зыян. Андан тышкары өспүрүмдөр баарын эле интернеттен жазып алып, эч нерсеге өз алдынча аракет кылышпайт. Китеп, журналдарды айрымдары гана окушпаса, көпчүлүгү маани бербейт. Интернеттен көп нерсени тапса болот бирок баарын эмес. Кээ бир учурда маалымат туура эмес дагы болуп калат. Китеп, журналдарда болсо такталган, туура маалыматтар гана болот.

Интернеттен көптөгөн жакшы нерселерди тапса болот, китептен анда да жакшыраагын. Болгону экөөнү тең өз убагында жана ченеми менен колдонуу керек. Жана китеп, гезит журналдарды окуу өзүбүзгө да пайдалуу жана эч кандай зыяны жок. Интернетти зарыл учурда жана кимдир бирөө менен байланышууда гана колдонсок ошол жетиштүү.

20世紀の後半から、特に70年代から80年代にかけて、人々は携帯電話を使うようになった。皆に知られている通り、最初は携帯電話がヨーロッパで使われていた。年々広がりを見せ、世界中に普及した。ますます様々な新しい携帯電話が増え、現在は皆に使われるようになった。今では5–6歳の子どもから70–80歳のお年寄りまで必ず携帯電話を持っている。

現在、社会の問題も、その問題を解決する方法もインターネットに繋がっている。この10年間の間に出た新しい携帯電話のすべてにインターネット対応の機能がついている。そのため社会の大半はインターネット利用者と言っても過言ではない。現在インターネットの使用には、恩恵ではなく、弊害の方が多い。なぜならば、未成年者は朝から夜までインターネットを使っているからである。「知識の源」とされる本には関心が無い。もちろん、インターネット上でも本に書いてあることを見つけられるし、実際に見ることもできる。しかし、長時間、携帯電話の画面を見ていると、視力に害を及ぼすことがあり、同じ場所で座ったまま過ごすのも健康には良くない。その他にも未成年者はすべてをインターネットからコピーし、何かをするときに自分で努力しなくなった。本と雑誌等を読む人はいるが、大半は気にしていない。インターネットで多くの事を見つけられるが、すべてのことについて情報が載っているわけでもない。時々誤報が載っている場合もある。本や新聞、雑誌などには確認された確かな情報が書かれている。

　インターネットでは役に立つ多くの事を見つけられるが、本にはそれよりも良いものがある。両方とも適度に、必要な時だけ使わなければならない。それに本や新聞、雑誌などを読むことは我々の役に立つことが多く、何も害がない。インターネットは誰かと連絡を取る必要がある時だけに使えば、それだけで十分である。

KK07

　Интернеттин азыркы убакта жаман жактары да жана жакшы да жактары бар. Биз интернетен өзүбүзгө керек маалыматтарды батыраак таба алабыз, жаман жактары интернеттен алынган маалыматтар көбүнчө толук эмес. Көбүнчө адамдар интернетке көп убакытын коротушат жана интернетсиз жашай албаган да азыр көбөйүп бара жатат. Интернетке биз азыр өзүбүздүн убактыбызды үнөмдөп гана колдонушубуз керек. Интернет азыркы жаштардын аң сезимин бузат деп ойлойм. Интернетти биз 15 жаштан өйдө адамдарга гана колдондуруушубуз керек. Андан кичине балдар интернетти оюн үчүн гана жана оюнду кантип ойной турган видео тасмалаларды көрүш үчүн гана колдонушат.

Азыр биз интернеттин жакшы жагын карасак биз өзүбүзгө өзүнчө соц.сеттерден онлайн түрүндө маалыматты киргизе алабыз. Көбүнчө окуу жайларга жана жумушка кирерде биз жөнүндө маалыматтарды интернеттен эле ала алышат жана биз интернет аркылуу акча да таба алабыз. Интернет бул көп тармактуу. Ар бир адам интернетти керектүү убакта эле колдонсо убакытты үнөмдөп интернеттин жашоого тиешелүү жаман жактары азырак болот эле. Ар бир интернетти көп колдонгонго көнүп калган адам интернетсиз күнүмдүк жашоосу кыйын деп ойлойм.

Эми газета-журналдар жөнүндө айта кетсек газета журналдар азыркы убакта 40 жаштан өйдө адамдар гана окушат деп ойлойм. Азыркы убакта көбүнчө адамдар газета-журналдарга акчасын короткусу келбейт жана газета журналдар бул илгерки убакытка таандык деп ойлойм. Азыркы убакта интернеттин мааниси чаз болсо газетанын журналдын да өзүнчө мааниси чоң болчу. Азыркы убакта жаштар газета журналдарды колдонбойт деп ойлойм. Азыркы убак интернеттин заманы дегендей азыркы жаштар биздин ата-энелерибиз газета журналга көнүп калгандай көнүп калган.

現在のインターネットには長所と短所がある。（長所は）我々が必要な情報をすぐに調べることができることであるが、短所として調べたいことについてすべての情報が載っていないことが挙げられる。人々はインターネットに多大な時間を費やしており、インターネット無しでは生活ができないという人も増えてきている。インターネットを使用するときに自分の持ち時間を無駄遣いしないように使わなければならない。インターネットは現在の若者の考え方を良くない方に変えていると思う。インターネットの使用に年齢制限を導入し、15歳以上の人たちだけが使えるようにしなければならない。それ以下の子どもにはゲームのため、あるいはゲームの遊び方を教えてくれる動画を見るためだけインターネットの使用を許可しなければならないと思う。

インターネットの長所に目を向けると、人々は自分自身について SNS に必要な情報を載せることができる。入学するときや就職するときなどに（会社側が）我々についての情報をインターネットで収集することができるし、我々も

インターネットを使ってお金を稼ぐことができる。インターネットには色々な分野がある。それぞれの人はインターネットを必要なときだけ、時間を無駄にしないように使えばネットによる生活への悪影響が制限されていたかもしれない。インターネットに慣れてしまった人にとってインターネット無しの生活は難しいと思う。

　新聞や雑誌などについて言えば、現在40歳以上の人のみ新聞・雑誌を読むと思う。現在、人々は新聞や雑誌などを買うためにお金を使いたくない、そして新聞・雑誌は昔の時代のものだと思う。現在、インターネットが重要になっていることと同様に過去に新聞・雑誌の役割も大きかった。現在の若者は新聞や雑誌などを読まないと思う。現在はインターネットの時代と言われる通り、古い世代の人たちは新聞や雑誌などに慣れていたように、現在の若者もインターネットに慣れている。

KK08

　Интернет пайда болору менен бизде гезит-журналдардын окурмандары азайды. Азыр баардык маалыматты интернеттен тапса болот. Мындайча айтканда китептен издеп карап, отурганча интернетке кирсең, эле баары дайын. Биз азыр жашоону интернетсиз элестете албайбыз. Мындайча айтканда "телефонумда бирдик постоянно болсун". Ойлонуп көрсөк азыр көптөгөн акчанын баары ушул жака кетет. Бир үй-бүлөдө жок дегенде бир киши бирдик үчүн айына 500 сом кетирет. Ошол акча га башка нерсе алса деле болот. Бирок биз аны бирдик үчүн коротобуз.

　XXI кылымга караганда XX кылымда китеп барктуу болчу. Китептерди кезек-кезек менен окушчу, азыр окурмандар бар бирок анча көп эмес. Мурун китепканага жаңы китеп келди десе кезектешип окушчу. Азыр китепканада китептер толтура болсо да окурмандардын саны азайып кетти.

　Замандын өнүгүшү менен интернет колдоонуучулары көбөйдү. Азыр ар бир кишиде смартфон бар. Кээ бирөөндө экиден. Азыр жөргөлөгөн баладан баштап карыларга чейин интернет колдонушат. Албетте анын жаман жактарыда бар. Азыр жаштар кээде интернеттен жаман маалыматтарды алып алышып өздөрүнүн жанын кыйган учурларда көп кездешет.

インターネットが普及するに伴い新聞や雑誌などの読者が減少した。現在はすべての情報をインターネットから得られるようになっている。つまり、本で調べなくてもインターネットにアクセスだけすれば、全てが準備されている。私達は今インターネット無しの生活を想像することができない。言い換えれば、いつも電話を通じてインターネットに繋がったままいるのである。よく考えてみると、大きな金額がどこかに消えている。家族内で一人あたり少なくとも月500ソムがかかる。そのお金は他の費用のために使えばいいと思う。しかし、私達はその金額を携帯電話に使っている。

21世紀と比べ、20世紀では本には権威があった。以前は、本を順番にお互いから借りて読んでいたが、現在は読む人がいたとしても多くはない。過去に図書館に新着した本を順番に借りて読んでいた。今は図書館には本が溢れているが、本の読み手は減少してしまった。

時代の変化とともに、インターネットの利用者が増加した。現在、人々はそれぞれがスマートフォンを持っている。ある人は2台持っていることまである。今では、幼児からお年寄りまでインターネットを利用する。もちろんインターネットを利用することの短所もある。その一つは、インターネット上の良くない情報に影響され、自殺する人が増えていることである。

KK09

XXI-кылым илим техниканын кылымы. Баардыгы компьютериштирилген. Азыркы заманда ар бир адмдын колунда бирден смартфон. Аны ал өзү каалагандай колдоно алат. Эч нерсе билбейм десең, интернетти ачасың ал жакта баардыгы толук камтылуу. Каалаган тилде, каалаган орунда окуп түшүнө аласың. Азыр ар бир үй-бүлөнүн баардык мүчөсүндө телефон бар, бири-бирине деле көңүл бурушпайт. Телефону колунда болуп, единицасы болуп, интерети иштесе болду, кайгы-капа жок.

Интернет жок мезгилди алалы. Интернет эмес,электр жарыгы жок жашап келишкен. Ал кезде маалыматтарды бири-биринен угушчу. Газета окушчу. Газетанын жаңы санын күтүп, алып окушчу. Бири-бири менен көбүрөөк көрүшүп, көбүрөөк сүйлөшүүшчу.

Ушул смартфон, ноутбуктардын тийгизген таасирлери аябай эле чоң. Интернетти көбүрөөк колдонуп, баш-мээ ооруларын пайда кылып жатат. Унутчаактык пайда болуп жатат. Ошол эле смартфондон чыккан нурлар ден-соолукка терс таасирин тийгизип жатат.

Азыркыларга айтаарым интернетти азыраак колдонуп, китеп-журнал окуп, көбүрөөк маалыматты китептен алса дейм. Китеп окуган адамдын кругозору өсүп, сүйлөө речи жактырышат. Ошон үчүн газеталар көп чыгып, көбүрөөк маалымат таратылса дейм. Гезит-журналдар келечекте аябая эле керек болот. Мен буга кошулам. Интернеттен аябай эле айырмаланат. Китептен кененирээк маалымат аласың.

　21世紀は科学と技術の世紀である。すべてがコンピューター化された時代である。現在、人間は一人一台のスマートフォンを持っている。スマートフォンを好きなように使っている。分からないときにインターネットにアクセスすれば、すべてについて情報を得られる。好きな言語で好きな場所で読めて、理解を深めることができる。現在、各家庭の一人一人にスマートフォンがあり、お互いと話をする時間がない。スマートフォンが手元にあり、インターネットを使うためのお金さえあれば、それで大満足の人がいる。

　インターネットが無かった時代について取り上げてみよう。当時はインターネットだけではなく、電気無しの生活を送る人もいた。当時は、人は人から情報を得ていた。新聞を読んでいた。新聞の最新号を楽しみにして読んでいた。お互いと会う機会が多くあり、よく話し合っていた。

　スマートフォンやパソコンなどによる悪影響が多い。インターネットを使い過ぎるあまり、頭に関連する病気等にかかる人々が増える。例えば、記憶障害の人が増えている。そして、スマートフォンから発せられる光も健康に悪影響を与えている。

　現代の人々にインターネットを短時間のみ使用し、本や新聞、雑誌などをよく読み、情報を得るために本などを活用するよう呼びかけたい。本を読む人は

視野も広がるし、会話力も伸びる。そのために新聞が多く発行され、より多くの情報が新聞などを通して報道されたらと思う。新聞や雑誌などは将来的に必要である。私はこれに同意する。新聞・雑誌などはインターネットとはかなり異なる。本を読むとより詳しい情報が分かる。

KK10

Албетте! Китеп, гезит журналдар керек нерсе. Бирок интернет дагы керек, мен сөпсүз китеп же сөпсүз интернет дагы керек, мен сөпсүз китеп же сөпсүз интернет болсун деп ойлобойм. Бирок албете жаштар деги эле адамдар билимди бир гана китептен ала алышат ал эми интернет кошумча нерселерди билүүгө керек. Аны ар бир адам өзү колдонууну билиш керек. Китепти өз, интернетти өз убагы менен. Тилекке каршы азыр жаштар бир гана интернет менен күн өткөрүшүүдө. Бул биринчиден ден-соолукка, экинчиден убакыт бекер кетүүдө.

Менин ойум жөн гана адам өзүн өзү тарбиялап китеп, гезит журналда колдонуп, бирок ошол эле маалда интернетти дагы.

Адамды барып мажбурлай албайсыңда ден соолугуң убактын кетип атат башка нерселерге убактын кетип атат башка нерселерге убакыт бол деп. Алар телефондун кулу болуп калышкан. Бир сөз менен айтканда адам өзүн өзү тарбиялаш керек, баардыгы чеги менен жана ченеми менен. Кыргызда жакшы сөз бар эмеспи "тең теңи менен тезек кабы менен" дегендей. Китеп, гезит журнал, телефон интернет баардыгын чогу, чени, чеги менен алып кетсе болот.

当然である。本や新聞、雑誌などは必要なものである。しかし、インターネットも必要であり、私は絶対に本のみ、あるいはインターネットのみ必要とは思わない。もちろん、若者は、全体的に言えば多くの人々は本のみを通じて教育を受けられるのであり、インターネットは追加的情報を得るためのみ必要だと言える。それぞれの人は自分自身で使い方を分かっていなければならない。本とインターネット両方とも必要な時だけ使わなければならない。残念ながら、

現在、若者はインターネットのみ使って時間を過ごしている。それはまず健康に良くないことであり、そして時間を無駄にしている。

　私は、人間が自分自身を教育しながら、本や新聞、雑誌などを読み、同時にインターネットも使えると思う。

　健康への影響もあり、時間も無駄にし、時間を他の事に役立てるようにと人々を強制的に納得させることはできない。彼らは携帯電話の奴隷になってしまった。一言で言えば、人間は自分自身をコントロールし、すべてを適度・適切に使わなければならない。キルギス人の間では「名誉は各々の実績による」というよく言われることわざがある。適度で、適切であれば本や新聞、雑誌、携帯電話などのすべてを使っても良いのではないかと思う。

資料 4 ロシア語モノリンガル（RR）意見文データサンプル10編

資料 4 では、ロシア語モノリンガルの意見文データ 29 編のうち、10 編をサンプルとして掲載する。

RR01

Это правда что интернет сейчас используется много и оно стало неотъемлемой частью жизни каждого человека. В 21-веке у каждого человека есть смартфон и интернет и они используют его по разному. С маленького ребенка до уважаемого старого пенсионера нужен интернет.

Революция и есть революция не важно сколько время пройдет я считаю, что газеты и журнала тоже нужны и важны. Они появились раньше интернета и даже когда есть интернет газеты и журналы читать интересно и приятно.

Да, это правда что соврменная молодежь не интересуется чтением газет и журнал. Они говорят что это удобно и легко. Я конечно с ними согласна но и могу оказаться против этого.

Однажды мы школе провели дебат "Что лучше книги или электронные книги?"Дебат длился час, но даже часа обсуждения не было победителя. Этот вопрос был противоречием друг другу. Книги лучше потому что их приятно читать, даже полезно для здоровья. А электронные книги удобные, но их читая больше часа нельзя- это вредно.

Я привела к примеру дебат который мы обсуждали в школе потому что это и сегодняшнему вопросу относится. Интернет или газеты, журнал не важно они все-равно останутся неотъемлимой частью нашей жизни.

Если даже сейчас есть интернет нам нужны газеты и журналы. И в будущем не важно мы будем читать их или они останутся в архиве они нам нужны. Интернет хорош и в будущем он будет сильнее. Но информация в интернете можно изменить и удалить.

インターネットがよく使われようになり、人々の生活における欠かせない一部になったことは間違いない。21世紀において人々はスマートフォンを持ち、インターネットにアクセスできるようになり、彼らはこれらを様々な目的で使っている。小さい子供から尊敬されるお年寄りの人までインターネットを必要としている。

革命は革命である、どれくらい時間が経っても新聞や雑誌はいつも必要で、大切であり続けると思う。新聞はインターネットの前に登場したものであり、インターネットがあっても新聞と雑誌などを読むのが面白いし、楽しい。

若者が新聞や雑誌に興味を持たなくなったと言うのは本当にその通りである。彼らはインターネットが便利で、簡単だと言う。もちろん、私は彼らと賛成するが、反対の意見も言える。

ある日、我々は学校で「紙の本と電子書籍のどちらがよいか」という討論を行った。討論は一時間ほど続いたが、一時間続いた討論後にも勝った側がいなかった。討論に出された質問は矛盾していた。本の方がいい、なぜならば本を読むのが楽しいからであり、さらに健康的でもあるからだ。一方で、電子書籍の方が便利であるが、一時間以上読むと健康に悪い影響を与える。

学校であった討論を例にしたのは今日のテーマにも関するからである。インターネットかそれとも新聞と雑誌なのかは重要ではなく、いずれにしてもそれらは我々の日常生活の欠かせない一部として残るからである。

現在インターネットがあっても新聞と雑誌が必要である。将来、我々が新聞や雑誌を読み続けるか、それとも単に文書館に保存されるだけなのかは重要ではなく、我々にとっては必要である。インターネットは良いものである、そして将来これよりも強くなると思う。しかし、インターネット上の情報を消したり変えたりしてしまうことができる。

RR02

Человечество создало такую прекрасную вещь как интернет. И сегодня почти каждый имеет к нему доступ. Там просто кладезь полезной информации, позволяющая нам получить знание в любой сфере. Нужно лишь быть осторожным: опасаться мошенников, уметь сортировать поток информации, быть объективным и проверять в разных источниках. К тому же в газетах нет ничего, что нельзя было бы узнать в интернете.

Газеты и журналы порой нам показывают ситуацию с одной стороны. К тому же они находятся под влиянием государства и с его помощью легко внушить простому народу что-либо, пропагандировать то, в чем заинтересовано только правительство. Информация там не всегда достоверна, ведь нужно часто выпускать новые выпуска.

В интернете сделать это гораздо сложнее, ведь его практически невозможно взять под контроль. Если у человека есть реальное желание докопаться до истины, посмотреть на ситуацию с разных сторон, узнать мнение своих сограждан и людей, наблюдающих со стороны, узнать причины проблемы и почему у ситуации есть как сторонники, так и противники, то тут явно нужен интернет.

人類はインターネットという素晴らしいものを作った。現在、大抵の人がインターネットにアクセスできるようになっている。インターネットは役に立つ情報の宝庫であり、その情報を使って私たちが様々な分野について知識を得られる。だが、十分気を付けなければならないこともある、それはペテンに気を付けること、情報を選別できること、客観的に判断すること、得た情報を異なるソースから確認することなどがある。それに、新聞に載った情報の全てをインターネット上でも調べられるのである。

新聞や雑誌などはある状況の一側面のみ描く場合がある。それにいつも政府の影響下に置かれており、政府の都合通り一般民に何かを容易に納得させることができ、何かについてプロパガンダを行う道具でもある。常に最新版を作れなければならないため情報がいつも確かめられているわけではない。

インターネットの場合は、ウェブをコントロールすることができないため政府によるプロパガンダ等の行為は難しい。もし、ある人に、真実を知りたい、状態を様々な角度から分析したい、他の市民や人々、観察者などの意見を知りたい、問題の原因を調べたい、なぜこの問題の支持者と反対者がいるのかなどを理解したいという希望があれば、その際に確実にインターネットが必要にな

ってくる。

RR03

Я думаю что не смотря на доступной каждому интернет, всё равно людям нужны журналы и газеты, не смотря на различные электронные книги, читать что-то по телефону или с компьютера хоть и удобно для многих но очень вредно для здоровья.

Все пользуются интернетом, говорят что теперь никому не нужны эти книги и газеты, журналы, но а как же пожилые люди? У многих проблемы со зрением и восприятиями чего-то нового, им будет тяжело. Даже мы когда нибудь постареем и хотя мы пользовались ими, всякими гаджетами мы физически не сможем уже делать то что уже знали и с интернетом будет так же, мы не сможем постоянно 24 часа находиться в интернете, нам больше будут удобнее обычные вещи.

В интернете хранится много информации и проблема в том, что ответов и вариантов тоже много, разных сайтов, различных мнений и ты не можешь быть 100% увереным что там правда, что правильно. В одних сайтах говорят одно, а в других совсем другое и пока ты пойдешь нужный и правильный пройдет много времени. Ну а с новостями в телевизоре и информации в газетах и журналах всё проще, там только один вариант и провереный. Не проверив они ничего не выпускают.

インターネットへのアクセス権がそれぞれの人にあるにも関わらず、やはり人々に新聞や雑誌も必要であると思う、それは様々な電子書籍があるにも関わらず電話とコンピューターなどを使って読むのは便利だと言っても、多くの人にとって健康に有害を与えるからだ。

皆がインターネットを使っているため、新聞や雑誌はもう誰にも必要ではないと言われるが、お年寄りの人々はどうなるのだろうか。彼らの大半は視力の問題を抱えており、何かをすぐに理解できない状態でいるため新聞・雑誌がないと困ると思われる。

我々はいつか年寄りになり、様々なガジェットを使ってきたとしても、その

時にはそれまでやってきたことを身体的にできなくなる。インターネットも同様で、我々が24時間使えなくなり、紙媒体の普通のものが便利になってくると思う。

インターネットでは大量の情報が保存されているが、問題は何かに対する答えと選択が同様に大量にあることである。様々なウェブサイトや異なる意見がたくさんあり、そこには真実がある、正確であると100% 確信できない。1つのサイトで報道されていることは、他のサイトでは別の内容で伝えられたりしており、必要で正確な情報を見つけるまでは時間がかかってしまう。しかし、テレビのニュース、新聞や雑誌の情報の場合はより簡単であり、確認できる情報は1つしかない。彼らは情報を確認しない限り配信しない。

RR04

По-моему мнению в интернете не вся информация достоверна и точна. Интернетом сейчас пользуются абсолютно все, даже маленькие дети. Интернет влияет на человека как с хорошей стороны,так и с плохой. Я думаю, что каждый человек должен иметь своё ограничение к доступу в интернет.

Каждый человек индивидуален и у каждого свои предпочтения. Что я хочу сказать этим. Многим удобней и нравится читать или смотреть новости в интернете, а другие же предпочитают читать новости в газетах или смотреть по TV. Та же ситуация и с книгами. Например, мне нравится читать книги (не электронный вариант). Я получаю удовольствие от этого. А если я буду читать электронный вариант, то я не смогу собраться с мыслями и сосредоточиться.

Какой же вывод я хочу сделать из этого. Нам в будущем необходимы газеты, журналы и книги. Потому что найдутся любители почитать их-это мой сугубо личное мнение. Те кто говорят, что нет в этом необходимости-это говорит о том, что эти люди уже приспособились к интернету. Как я говорила (писала) в начале в интернете не вся информация точная и полностью. Теперь насчет газет, перед тем как выпустить газету, вся информация проверяется и только потом выпустят эту газету. Этим я хочу сказать,

資料4

что в интернете всё не правда. Но возьмите на заметку, что какая-нибудь информация больше правильнее в газете (вероятности больше).

Общий вывод из этого. Я думаю, что все со временем привыкнут к интернету и к большему сожалению газеты и журналы будут читать всё меньше и меньше людей. Но есть слово "но". Всё в наших руках! Мы можем изменить этот мир. Главное не забывать об этом и побольше читать наслаждаясь страницами газет и книг.

Интернет полезен и хорош тем, что там мы можем найти любую информацию за несколько секунд. Надо жить правильно пользуясь интернетом и в то же время не забывать читать газеты и книги. Это всё таки что-то другое.

　私の意見ではインターネット上における全ての情報は確認された、確かな情報とは言えない。今、子どもをはじめ、皆がインターネットを使っている。インターネットは人間に良い影響も良くない影響も与える。私は、人はインターネットを制限して使用しなければならないと思う。

　人は個性があり、それぞれの好みを持っている。何を主張したいかといえば、次の通りである。大勢の人にとってニュースをインターネットで読み、見るのがより便利で、楽しいかもしれないが、ニュースを新聞で読み、テレビで見るのを好んでいる人もいないわけではない。本に関しても同様である。例えば、私は本を読むのが好き（電子バージョンではない）。本を読むことをいつも楽しんでいる。もし、電子版で読むと自分の考えをまとめ、集中することができなくなる。

　以上のことから何を言えるのだろうか。まずは、我々には新聞や雑誌、本などが将来的にも必要であると言える。なぜならば、これは個人的な意見であるが、それらを読む人はいつかいるかもしれない。新聞・雑誌は必要がないという人もいるが、彼らはインターネットに使い慣れたためそう言えると思う。先述した通り、インターネット上にある全ての情報が確認された、完全なものではない。次に新聞、新聞は出版する前に全ての内容を確認してから出版に出す。つまり、インターネットにあるものの全ては真実ではないということを言いたい。新聞ではどのような情報でもより正しい（その可能性が大きい）ということを念頭においてもらいたい。

以上述べてきたことの結論は以下の通りである。時間と共にすべての人がインターネットに慣れて、残念ながら新聞や雑誌を読む人の数が減少していくと思う。しかし、ここで「しかし」という言葉がある。全て問題は私たちの胸1つにかかっている！私たちはこの世界を変えることができる。重要なのは、それを忘れず、新聞と本の各頁を楽しみながらより多くのものを読むようにすることだ。

私達が好きな情報を数秒で見つけられる、これこそがインターネットの良い点と便利な点である。インターネットを正しく使いながら、同時に新聞や本なども読むことを忘れずに生活しなければならない。やはり、これは何か別のものである。

RR05

Безусловно в данном веке Интернет заменяет почти всю «бумагу». Поскольку это намного удобней. В принципе мы имеем свободный доступ к любой информации, книгам газетам и так далее.

Человек по природе старается облегчить себе жизнь, сделать её более комфортной. Я очень быстро привыкает к этому комфорту. Я слышал именно поэтому люди особенно моё поколение начали ценить знания меньше. Поскольку в любой момент могут «прогуглить». А что было раньше? Чтобы найти нужную информацию ходили в библиотеки, сидели по несколько часов чтобы добраться до истины. Покупая книги хранили на века из поколения в поколения. Сейчас мы вводим интересующий себя вопрос и сразу получаем ответ. Я считаю что таким способом человек упускает многое, а сколько во время поиска как делали это раньше мы получаем больше знаний.

Само собой это всё зависит от самого человека ведь только он и никто другой решает как использовать данные ресурсы. Ну я придерживаюсь старого мнения и думаю со мной многие согласятся.

Несмотря на то что век технологий и интернета люди продолжают выпускать книги, газеты, пользоваться бумагой. Почему? Потому что это проверено веками. Это безопасно и надёжно. Тому же всегда есть возможность мирового интернет коллапса.

Откуда по всему миру интернет? Для распространения используются спутники на орбите земли. Что будет если они выйдут из строя, либо сервера интернет-провайдера просто заглохнут?

Книги, газеты все эти бумаги нам необходимы. В них есть знания мира.

間違いなく、現代においてインターネットは全ての「紙」を置き換えている。インターネットは、より便利だからである。原則的に、我々が本や新聞などのどのような情報でも自由にアクセスできる。

人間はもともとから自分の生活を楽にしたいものであって、自分の生活をより快適にしようと努力する。そして、快適な生活にすぐ慣れてしまう。それがゆえに人々は、特に私の世代は、知識をそれほど評価しなくなったという。なぜならば、彼らはいつでもどこでも「Google」を使えるからである。昔はどうだったのだろうか。人々は必要な情報を見つけるために図書館まで足を運び、真実にたどり着こうと何時間もかけていた。また、本を買ったら、その本を世代から世代へと継承し、保存してきた。今は関心のある質問を入力したらすぐに答えをもらえる。私の意見では、このようにして人間は多くのもの失っていると思う。以前のように時間をかけて探せば、我々はより多くの知識を得られると思う。

もちろん、これは利用する本人によると思う、それはこれらの情報源をどのように使うかを他の人ではなくその使う人だけ決めるわけであるからだ。私は昔の意見に傾いており、多くの人は私に賛成すると思う。

インターネットやウェブ技術の時代であるにも関わらず、人々は本や新聞などを出版し、紙を使い続けている。それはなぜだろうか。なぜならば、これは時代にわたって確認されてきた方法であるからである。これは安全で、信頼できるからである。それに、いつか世界的なインターネット崩壊の可能性もないわけではない。

インターネットはどのように世界中に流れているのだろうか。インターネットの機能のために地球の軌道にある人工衛星が使われている。もし、それらは故障したらどうなるのだろうか。また、インターネット会社のサーバーが崩壊

したらどうなるのだろうか。

　本や新聞などの全ての紙は我々に必要である。世界の知識の全てはその中にあるのだ。

RR06

　С каждым днём интернет все сильнее укореняются в нашей жизни у нас есть доступ почти к любой информации, в нашем распоряжении есть огромное количество услуг разного рода, как платных так нет. Это делает нашу жизнь проще сохраняет наше время, но у этой медали есть и обратная сторона.

　В интернете огромное количество информации, даже слишком. Её настолько много что в ней можно заблудиться. Социальные сети, реклама на каждой странице, в каждом посту, в каждую видео и даже в кино. Становится сложно понять что тебе нужно а что нет; что пойдёт тебе на пользу что отнимет время. Вот в этом и вся проблема безграничной информации.

　С газетами и журналами гораздо проще. У каждой газеты может быть своя тематика. Редактуры собирают всю самую актуальную информацию за вас а вам остается лишь получить её. Другими словами газеты и журналы не так сильно засоряют наш мозг не нужно информации, как интернет. Читая их мы гораздо реже отвлекаемся на что-то ненужное, мимолётное. В этом их преимущество.

　Ну что если вы умный опытный человек, знающий что вам нужно от жизни. В таком случае вы сами способны фильтровать поток информации, отделяя полезное для вас от лишнего и вам уже не нужен никто для этого.

　Я считаю что если вы сами способны фильтровать информацию-то Интернет– для тебя. Если у вас есть младший брат, сестрёнка или ребёнок то вы обязаны следить за ним, какую информацию получают. Главное отличить нужное от ненужного и тогда все будет в порядке, А ваша жизнь проще и у вас появится больше времени.

　インターネットはますます我々の生活に根付いてきており、我々はどのよう

資料4　139

な情報でもアクセスできる。我々が自由に有料か無料の様々な書類のサービスを使える。我々の持ち時間を節約し、我々の生活を快適にしてくれるが、一方でこのコインの裏面もある。

インターネット上に大量情報がある、過剰に多いと言える。多すぎて迷ってしまうこともある。ソーシャルネットワーク、ウェブページやブログ、動画だけではなく、映画でさえもコマーシャルが出てくる。その中から自分にとって何が重要で何がそうでないのか、どちらが役に立つかどちらが逆に時間を取ってしまうのかを判断できなくなる。無限にある情報の問題はここにある。

新聞と雑誌の場合はより分かりやすい。それぞれの新聞には、それぞれが専門とするテーマがある。編集者は我々のために重要な情報の全てを選別してくれ、我々はそれを読むだけである。つまり、新聞と雑誌はインターネットほど、必要ではない情報で我々の脳が中毒にはならない。それらを読むときに要らないことや重要ではないことに気を散らすことは少ない。これは新聞と雑誌の利点である。

もし、あなたが人生のために何が必要かを知っている、賢く、経験のある人であればどうだろう。もしそうであれば、あなたは自分自身で情報の流れから必要なものを選別でき、不要な情報と有益な情報を区別することができる、そしてこのためにあなたは誰も必要ではない。

要するに、あなたは自分で情報を選別できていたらインターネットはあなたにぴったりのものである。もし、あなたに弟や妹、それとも子供がいれば、あなたは彼らがどのような情報を受けているのかをコントロールしければならない。最も重要なのは、必要ではないものから必要なものを区別すること、そうすれば何も問題はないはずであり、あなたの人生もより簡単になり、時間の余裕もできる。

RR07

Не думаю что есть необходимость производить газеты и журналы. Потому что все есть возможность узнать информацию телефонах. В наше время люди не так часто покупает газеты и журналы чтобы узнать новости, ну наше старшее поколение их покупают так как они не умеют пользоваться смартфонами или нет возможности и купить или по другим обстоятельствам. Но со временем все равно люди не будут покупать эти журналы, так как со временем они начнут понимать что зачем покупать газету и журналы тратя на них деньги каждый день, Чтобы узнать новости пускай и мало денег они будут стоить, но за месяц эта сумма будет такой же как и покупка телефона.

Покупаю газеты журналы люди тратят деньги они бы могли просто их оставить чтобы купить телефон. В телефоне можно не только узнать новости ну и разные другое. А купив газету они узнают только новости и все. Зачем тратить деньги на то что ты можешь узнать только одно что то когда ты можешь накопить и купить телефон узнать о новостях или смотреть фильмы. Если скажут выбрать между газетами или телефоном большинство людей выберут телефон, потому что у него больше возможностей.

Я думаю поэтому нет необходимости производить газеты и журналы так как у них только одна возможность дать нам узнать новости. Если их производить то надо придумать ещё чтобы газеты и журналы не давали нам не только информацию или новость а ещё что-то кроме этого.

　新聞や雑誌などを出版する必要がないと思う。なぜならば、今は携帯電話を使って情報を入手することができるからである。現在、人々はニュースを知るために新聞と雑誌をそれほど購入していない、上の世代はスマートフォンを上手に使えないか、スマートフォンを購入するための経済的余裕がないか、その他の事情があってまだ新聞と雑誌を買い続けていると思う。いずれにしても、時間が経つにつれ人々は新聞と雑誌を買わなくなると思う、なぜならば、時間と共に人々はニュースを知るために毎日お金をかけて新聞と雑誌を買う必要がないと思うようになるからである、金額が安くても一か月では携帯電話を購入できるくらいの金額を使ってしまうからである。

　新聞を購入するためにかなりのお金をかけている人がいるが、その代わりに携帯電話を買った方がいいのではないだろうか。携帯電話だとニュースだけなく、その他にもたくさんのことができる。新聞を購入するとニュースのみを読

みことになり、それ以上何もできない。一つのことしかできないものにお金を
かける必要があるだろうか、お金を溜めてから携帯電話を購入したらニュース
も知ることもでき、映画なども見られる。新聞と携帯電話のどちらかを選択す
るのであれば、多くの機能がついているため大抵の人は携帯電話の方を選ぶと
思う。

　そのため、新聞や雑誌などを出版する必要がないと思う。それは、ニュース
のみを提供できるからである。しかし、やはり出版を続けるのであれば、出版
社はニュースだけでなく、何か新しいサービスの提供も考えなければならない。

RR08

　Действительно доступ к интернету имеют почти все даже дети. С помощью
Интернета можно найти буквально любую информацию, будь это рецепт
приготовления блюда или же анекдот. Но проблема в том что большинство
информации в интернете полезно или не несут никакого смысла и фильтрация
подобной информации или же поиск необходимой не для всех бывает удобной или
ж возможной. Например люди преклонного возраста столкнувшись с интернетом в
некоторых случаях не понимают, однако дело может быть и в том что они не хотят
понимать или же нет желания. Для следующего примера возьмём людей нашего
возраста. Некоторые люди используют Интернет не для учёбы а по большей части
для развлечения что соответственно отнимет большое количество времени, в то время
когда это время можно было потратить на более полезные вещи. Но все равно найдутся
те кто использует интернет для полезных целей.

　А что касается газеты журнала а моему мнению они до сих пор имеют некоторую
популярность как и среди людей преклонного возраста, так и среди людей нашего
возраста. Может быть из-за ярких изображений переплета или же из-за некого
удобства.

　Если же сравнивать что лучше, интернет или газеты журналы, интернет более
удобный, том плане что для нахождения информации необходимо лишь некоторое

количество времени, в то время как для нахождения газеты или журнала может уйти от большого количества времени до малого. Цена ложится интернет некоторых случаях может быть гораздо дешевле нежели газеты и журналы. Интернет и газеты и журналы имеют свои плюсы и минусы. Что же касается будущего по моему мнению в будущем не цифровые источники информации будут появляться всё реже ибо даже в наше время уже вводят электронные книги, что приведёт к постепенному исчезновению газет и журналов но мне кажется что даже в будущем найдутся те кто будет считать что газеты и журналы все же лучше.

　確かに、インターネットへのアクセスは誰でも、子どもでさえも持っている。インターネットを使って文字通りにレシピや笑い話といったどのような情報でも見つけられる。しかし、問題はインターネット上にある情報の大部分が役に立たないか、全く意味がないことにある、数多くの情報を選別すること、あるいは必要な情報を探すことは皆にとって便利であり、可能とは言えない。例えば、上の世代の人はインターネットと向き合うときに、場合によって分からないことがある。もしかすると、彼ら自身もインターネットの使い方を勉強しようと努力していないかもしれないし、単に興味がないかもしれない。次の例として、私たちの世代の人々を取り上げよう。ある人はインターネットを勉強のためでなく、多くの場合遊びのために使っている。従ってこれは多くの時間を取ってしまっている。その代わりに、この時間をより役に立つことのために使った方が良かったかもしれない。しかし、インターネットを正しく使っている人も少なくはない。

　新聞や雑誌について考えてみよう。新聞と雑誌などは私たちを含めまだ様々な世代に読まれていると思う。使いやすくて、時々表紙も鮮やかで目立つからかもしれない。

　どちらがいいかと、新聞と雑誌をインターネットと比べてみると、インターネットの方がより便利である。情報を探すために時間があまりかからない。新聞と雑誌の場合だと、情報を探すために短時間から長時間までかかる。また、料金の面からもインターネットの方が場合によって新聞と雑誌より安いかもし

れない。インターネットも新聞と雑誌もどちらも利点と欠点がある。将来について言えば、非電子的な情報源はますます少なくなる、現在において既に電子本などが導入されている。これによって新聞と雑誌が次第になくなっていくが、将来、やはり新聞と雑誌の方がいいと思う人も出てくるかもしれない。

RR09

Интернет появился совсем недавно 20-м веке. Первоначально он не был таким как сейчас, но со временем он становился общедоступным. На сегодняшний день интернет заменяет многие вещи такие как: телевидение, Газета, журналы, книги, Почту и так далее. Многие скажут что настал конец эпохи бумажной продукции. Но я считаю что Интернет окончательно за доминировал.

Хоть я и сам пользуюсь часто Интернетом ну он не всегда меня удовлетворяет. То-есть у Интернета тоже есть свои минусы. Во-первых, он иногда может залажать и причём в ненужный момент. Во-вторых у общей доступности интернета есть ли обратная сторона, дети или подростки могут залезть туда куда не надо. В-третьих не вся информация из интернета является достоверной. О минусах можно ещё говорить но думаю все знают об этом.

Газеты и журналы книги телевидения всё ещё используются наши дни. Это говорит о том что интернет всё ещё не заменил вышеописанные вещи. Я хочу сказать что это дело каждого использовать только интернет и не болей либо пользоваться книжками, газетами телевидением. Каждый решает и выбирают то что ему нужно. У каждого человека своя голова и мысли в независимости от их характера хорошие или плохие.

インターネットはそう遠くない20世紀にできたものである。最初は今のようなものではなかったが、時間と共に皆が使えるようになった。現在、インターネットはテレビ、新聞、雑誌、本、郵便などの多くのものを置き換えた。紙からできたものの時代が終わったと多くの人が言うかもしれない。私はインターネットが圧倒的に支配するようになったと思う。

私はインターネットをよく使うが、いつも満足しているわけではない。つまり、インターネットにも欠点があるということだ。第一に、インターネットは時々に失敗することがある、しかも最も必要な時にである。第二に、誰でも使えるというインターネットのアクセスしやすさには欠点もある、子供や未成年者が年齢的に許されていないコンテンツにアクセスしてしまう可能性がある。第三に、インターネット上にある情報の全ては信頼できる内容ではない。インターネットの欠点についてこれら以外にも指摘できるが、それらは皆に知られていると思う。

　現在、テレビや新聞、雑誌、本などはまだ使われている。これはインターネットがこれらをまだ完全に置き換えていないことを意味する。私が言いたいことは、インターネットのみ使うか、それとも新聞や雑誌、本、テレビを使うかは人それぞれの選択であるということだ。人は自分に必要なものを自分自身で決めなければならない。人それぞれには良いか悪いかの性格を問わず自分の頭と考えを持っている。

RR10

Я скажу по фактам сначала минусы потом плюсы каждого и в конце свое мнение.

Интернет хорош тем что можно найти любую информацию, связаться с родными и близкими где бы они не были и много ещё больших возможностей Интернета который помогают. Ну проблема в том что мы слишком становимся зависимый от этого, это становится слишком большой утечкой времени и непонимание куда ты его тратишь, зачем? Ведь интернет в наше время имеет очень большую силу, и никто не знает как он этим может воспользоваться. Если отключить интернет представляете что будет? Сейчас почти все зависит от интернета, техники электричество, люди в конце концов мир поглотит страх непонимания и мрак от той серости и темноты вечерних дней.

Газеты журналы были задолго до создания интернета и все люди с удовольствием читали. Конечно в наше время немного меньше пользуются но все же это неотъемлемая часть как и прошлой так и современной жизни.

Заключение всего я не могу сказать что-то лучше другого, потому что у обоих есть какие плюсы такие минусы так что этот выбор я не могу осуществить. Но стоит признать что мы не можем отказаться от чего либо из этих. Так что остается только ждать что будет потом. А сейчас просто радоваться тем что есть.

まずはインターネットと新聞のそれぞれの欠点と利点について述べてから、最後に自分の意見をまとめたいと思う。

インターネットは、どのような情報でも見つけられることや親戚や友達と彼らがどこにいても連絡を取れることなど、その他の役に立つ機能が多くてとても良いものである。問題は私達がインターネットに過剰に依存するようになりつつあることや無駄に使う時間が多くなり、時間をどこに、何のために使っているかを分からなくなることなどである。現代、インターネットは大きな力を有しているが、誰もその力をいかに正しく使えばいいのか分からない。もし、インターネットが止まってしまうと何が起こるかは想像できるだろうか。現在、全てはインターネットに依存している、機械や電気、人々さえ、インターネットが止まってしまうと世界は誤解の恐れに囲まれ、夜中の暗闇と鈍さの暗影に沈んでいくと思う。

インターネットが登場するまでは人々が新聞と雑誌を楽しんで読んできた。もちろん、現代は使う人が少ないかもしれないが、それにも関わらず新聞と雑誌は過去だけでなく現代生活の欠かせない一部になっている。

最後に、どちらか一ついいとは言えない。なぜならば、両方とも欠点と利点があるため簡単に選ぶことができないからである。どちらか一つをやめるのは難しいということも受け入れなければならない。従って、今後どうなるかを待つしかない。今はただ、あるものを楽しんで行こう。

資料 5	キルギス語・ロシア語バイリンガル（キル ギス語優位）（KRK）意見文データサンプル10編

資料5では、本研究で扱ったロシア語モノリンガルの意見文データ37編のうち、10編をサンプルとして掲載する。

KRK01

Азыркы заманда ар бир адамдын интернет мүмкүнчүлүгү жок. Анткени кээбир жерлерде, же жакыр үй-бүлөлөрдө интернет колдонуу мүмкүнчүлүгү жок. Интернет керектүү нерсе, керектүү нерсени каалаган учурда издеп таба алабыз. А, бирок гезит журналдар кантсе да керек. Мисалы: чоң-апаларыбыз интернет колдонууну жакшы билишпейт. Аларга гезит, журнал макалаларды окуп отурган ыңгайлуу.

Интернет жашообуздун бир бөлүнбөс бөлүгү. Анткени интернет менен көп ишти бүтүрө алабыз. Мисалы, интернет аркылуу сырттан окуу бөлүмү бар, интернет аркылуу жумуш тапса да болот. Интернетсиз эч бир нерсе жасай албай калдык. Же болбосо алыс жактагы тааныштар менен иинтернет аркылуу сүйлөшүп, алыс жерди жакындаткан көпүрө сыяктуу милдетти аткарат. Ооба, интернеттин өтө көп пайдалуу жактары бар, ошондой эле зыяндуу жактары жок эмес.

Интернеттин зыяндуу жактары көп эле. Мисалы, интернет аркылуу жазып жүрүп колдо жазып, бир нерсе кылуудан эринебиз. Интернетте көп убактыбызды кетирип айланабызда болуп жаткан окуялар жөнүндө маалыматтардан кабарсыз болуп жатабыз.

Ошондуктан газета да, интернет да жашообузга керектүү, маанилүү ролдорду ээлейт.

現在、全ての人にインターネットを使う機会があるわけではない。なぜならば、ある地域、あるいは貧しい家族にはインターネットを使う機会がないからである。インターネットは必要なものであり、知りたいことを好きな時に調べることができる。しかし、それにしても新聞や雑誌も必要である。例えば、祖

父母たちはインターネットを上手く使うことができない。彼らにとって新聞や雑誌の記事を読むことが便利である。

　インターネットは我々の生活の欠かせない一部となっている。なぜならば、インターネットを使って多くの用事を済ませることができるからである。例えば、通信教育が可能になり、仕事をも見つけることができる。インターネットなしでは何もできなくなったと言える。この他にも、遠い所にいる知り合いとインターネットを使って話をすることもでき、遠く離れた場所を近づけてくれる架け橋のような役割も果たしている。たしかに、インターネットは役に立つ側面が多くあるが、同時に有害な側面もないわけではない。

　インターネットの有害な側面は少なくはない。例えば、インターネットを使う時にキーボードで文字を打つことに慣れてしまい、手で書いて何かをすることを怠けるようになった。インターネットに多くの時間を費やしてしまい、周りで起きている出来事についての情報に関心を持たなくなった。

　そのため新聞もインターネットも私たちの生活において重要な役割を担っている。

KRK02

　Азыркы учурда интернет бүткүл ааламды ээлеп, жашообузда маанилүү ролдордун биринде десек болот. Бул нерсе көпчүлүк учурда жакшы, пайдалуу дегенибиз менен, көп нерселерди чектеп коюу мүмкүнчүлүгүнө да ээ десек болот. Мисалы бизге берилген тапшырма да айтылгандай гезит-журналдар, китептер интернеттин пайда болушу менен окулбай калды. Бул нерсе жаштарга пайдалуу болгону менен, улуу муундарга ыңгайсыздык жаратууда. Анткени, бул нерсе биринчиден алардын көрүсүүнө зыян алып келсе, экинчиден алар үчүн ар дайым телефон, компьютерди колдонуу адаттагы көрүнүш эмес. Туура, интернет газет-журнал, китептерди басып чыгарууга караганда бир топ эмгекти, убакытты талап кылбайт, китепканаларды, гаезта-журнал саткан жерлерди да издеп отурбайсың. Бирок менин оюмча интернетке караганда китептерди көбүрөөк пайдалуу жана туура маалыматтарды алууга болот.

Интернет-бул биздин жашообуздун эң негизги жүргүзүп туруучу мотору болуп калды десек болот. Себеби интерет аркылуу кийимдерди заказ кылып алууга болот, тамак-аш, азык-тулүктөрдү заказ аркылуу алабыз, бир нерсе сатуу, сатып алуу, ошондой эле эсептерди да интернет менен төгүү мүмкүнчүлүгүбүз бар. Берилген тапшырмалар, керектүү маалыматтар да интернет аркылуу аткарылып калды. Бул нерсе биздин жашообузду көп эле жеңилдетип, ыңгайлуу шарттарды жаратып берет. Бирок ушул менен бирге, интернет бизди жалкоолукка алып келип жатат.

Жыйынтыгында менин жеке оюм боюнча интернеттин биздин жашоодо пайда болгону туура деп ойлойм. Бирок ушул эле учурда интернетти туура жана керектүү өлчөмдө колдонуу керек. Жашообуздун бүт маңызы интернет болуп калбоосу керек, жана ошондой эле интернет бизге пайда жана керектүү маалыматтарды алып келүүсү керек деп ойлойм.

　現在、インターネットは全世界に広がり、私達の生活において重要な役割を果たしていると言える。インターネットには良い側面が多くあり、役に立つと言われるけれども、様々なことを制約する力もあると思われる。例えば、私達に与えられた課題で書かれている通り、インターネットの普及に伴い新聞や雑誌、本などが読まれなくなった。インターネットは若者にとって便利かもしれないが、古い世代には不便である。なぜならば、インターネットは第一に彼らの視力を低下させる、第二には古い世代にとっていつもスマホ、パソコンを使うことは当たり前のことではない。もちろん、インターネットは本、新聞、雑誌を発行するほど相当の苦労と時間を必要としない、図書館や新聞・雑誌を販売している場所を探す必要もない。しかし、私の意見ではインターネットより本などからより役に立つ、正しい情報を得られると思う。

　インターネットは我々の生活を動かしている主要なエンジンになったと言っても過言ではない。なぜならば、インターネットを通じて服なども注文することができる、食料、材料等をもインターネットで注文し届けてもらう、何かを売ったり、買ったりもできて、公共料金もインターネットを通じて支払う機会が生まれた。与えられた宿題、必要な情報などのためにもインターネットを使うようになった。これは私たちの生活を大きく楽にし、便利な環境を作ってく

れた。しかし、それと同時にインターネットのせいで私達は怠け者になってきた。

　最後に、私の意見では我々の生活におけるインターネットの登場は良いものだったと思う。だが、インターネットを正しく、適切に使わなければならない。人生の全ての意味がインターネットになってしまわないよう気をつけなければならない、同時に私達の役に立つことと必要な情報を得るためにインターネットが重要だと思う。

KRK03

　Азыркы заманда чындыгында интернет колдонуу оор эмес, өнүккөн, жада калса аябай өнүккөн деп да айта алам. Интернеттин ушунча өнүккөнү бир жагынан зыяны, бир жагынан пайдасы да бар. Зыяны-бул азыркы замандын өсүп келе жаткан жаштарына терс таасирин тийгизип жатат, көп өспүрүмдөр интернет эмнеге колдонула тургандыгын билишпегендиктен, азыр көптөгөн туура эмес сайттар бар өспүрүм балдар ошолорду көрүп бузулуп жатышат.

　Интернет чыга электе, адамдар гезит, журнал, китеп көп окушчу жана дагы көбүнчө жаратылышка жана жанындагы адамдарга башкача көз менен карашчу, мындайчы айтканда жаратылышка сүйүү сезимдери бар болчу, баардыгы бири-бири менен ар дайым байланышта, азыр интернеттин айынан бардыгы жок болду деп айта албайм, көбүнчө интернетти чектөө менен колдонгон адамдар деле бар, бирок интернетти чексиз колдонгон адамдар өтө көп. Бул интернетти чексиз колдонуу жаратылыш менен болгон байланышы жоголот, адамды жалгыздык курчайт, ата-энесине болгон мээрими кетет, эч ким менен сүйлөшпөйт, айлана-чөйрөсүндө эмне болуп жатканын билбейт, болгону гана интернет менен эле жашап калат.

　Интернет окуучуларга да терс таасирин тийгизип жатат, баланын окууда болгон жөндөмүн жана кызыгуусун жоготуу, кээ бир балдар интернетти окуу үчүн керектесе кээ бири оюн үчүн керектейт. Гезит журналдардан алган маалыматты интернеттен деле алса болот, бирок интернеттен маалымат алууга караганда гезит журналдардан алуу пайдалуураак.

　確かに、現在はインターネットを使うことは難しくない、インターネットは発展してきた、非常に発達しているとも言える。これほどインターネットが発展したことには、一方で弊害の面もあれば、他方で恩恵の面もある。弊害の面は現代の若者に否定的な影響を及ばしていることにある、多くの未成年者はインターネットが何のために使われるのかを分からず、現在良くないサイトが数多くあるが、彼らはそれらを見て悪影響を受けている。

　インターネットが無かった時代に人々は新聞、雑誌、本をよく読んでいた、そして自然や周りにいる人々により気を配っていた、言い換えれば、自然に対して愛情を持っていた、皆が互いとよく交流していた、今はインターネットのせいで全てがなくなったとは言えないが、インターネットを適切に使う人々もいる、しかし無制限に使う人の方が圧倒的に多い。インターネットを無制限に使用すれば自然との関係が失われ、人々は孤独になり、両親に対する愛情がなくなって、誰とも話さなくなる、自分の周りに起こっていることに無関心になり、インターネットのみ使い毎日の生活を送ることになってしまう。

　インターネットは学校の生徒にも良くない影響を与え、学力や勉強への興味をなくしている、ある生徒はインターネットを勉強のために使えば、ある生徒はゲームのために利用している。新聞や雑誌から得られる情報をインターネットからでも入手できる、しかしインターネットから入手するより雑誌や新聞から得るのはより役に立つ。

KRK04

　Азыркы учурда көбүнчө жаштар интернетти пайдаланышат. Бирок анын ичиндеги пайдасын зыянын кошуп пайдаланышканы бизди өкундүрөт.

　Ооба, туура пайдаланышса интернеттин пайдасы көп. Бирок азыркы жаштар башкача айтканда биз интернетке же соц тармактарга өз эркибизди берип коюудабыз. Эгер биз кайсы бир режим менен бир убакты белгилеп соц тармактарды пайдалансак жакшы болот.

資料5　　151

Гезит журнал маселесине келсек, чынынды бул нерселердин зарылчылыгы жоголду. Себеби гезит журналдарда ала турчу маалыматтарды биз интернеттен тез жана татыктуу алуудабыз. Ошол интернеттеги нерселерди кайра эле ошол маалыматтарды гезиттен окуунун зарылчылыгы жок. Гезиттерди окуунун да жоголгонунун дагы бир себеби гезитте иштеген   журналисттердин журналисттик этиканы сактабай, иликтебей гезиттерге басып жатканы. Ушул себептен да гезит, журналдарды окуунун төмөндөшүнө алып келүүдө. Учурда көбүнчө жогорку муун, башкача айтканда орто жаштан өтүп калгандар, жана айылдагы адамдар гана гезитти окубаса, азыркы жаштар окушпайт. Себебин мен жогоруда белгиледим.

Эми бул жерде мен дагы бир нерсени белгилегим келип турат. Ошол интернеттен маалыматка канчалык деңгээлде ишенсе болот. Ооба, интернеттеги маалыматтардын да туура экенине эч ким кепилдик бербейт. Азыркы учурда чымынды пил кылган заман болуп калбадыбы, кичине эле нерсени эки сөз кошуп чоң кылып чыгарышууда. Бул маселени чечүү жолуна келсек. Менин оюмча эгерде газета, журналдарга маалымат туура жана так бериле турган болсо газетадагы маалыматтар ыңгайлуу. Биз интернеттен керектүүсүн да керексизин да алып өзубүздүн мээбизди уулап жатабыз. Андыктан учурда интернет пайдаланууну чектебесек, биздин жашообузга терс таасиирин тийгизип жатат. Акырында интернетти чектен чыгып жашоого кайтуу деген тыянака келебиз.

現在、大多数の若者がインターネットを使用している。しかし、利用者はインターネットの恩恵と共に弊害をも受けていることが残念なことである。

確かに、適切に利用すればインターネットに役に立つことが多い。だが、今の若者は、言い換えれば私たちはインターネットやSNSを使い過ぎている。インターネットを使うための決まった時間を設定し、それに従ってSNSを利用すれば問題がなかったかもしれない。

新聞や雑誌について言えば、これらを利用する必要性が本当に無くなった。なぜならば、新聞や雑誌から入手する情報のすべてをすぐにインターネット上で読めるようになったからである。インターネットにある情報を再び新聞や雑誌で読む必要がない。新聞などが読まれなくなったことのもう一つの理由は、新

聞社で働く記者が報道の倫理を守らず、情報を確認しないまま新聞に記事を掲載していることにある。このようなことから新聞・雑誌の読者数が低下していると言える。現在、特に古い世代やお年寄りの人々、そして村の人々のみ新聞を読み、若者は読まなくなった。その原因は上記で説明した通りである。

　ここで私はもう一つ主張したいことがある。インターネットにある情報をどのくらい信用すればよいのだろう。もちろん、インターネット上にある情報は確かなものだと誰も保証できない。現在、何でも大げさにする時代となっており、小さなことでも2つの文を作り大きく見せようとする。この問題をどのように解決すれば良いのか。私の意見では、もし、新聞や雑誌に確認された、正しい情報が載せられれば、新聞などの情報がより役に立つ。私達はインターネットから必要なものもそうでないものも入手し、自分の脳に害毒を与えている。そのため、今からインターネットの使用を制限しなければ、これからも我々の生活に悪影響を与えていくと思われる。このように、インターネットを制限し、現実に戻らなければならないという結論に至る。

KRK05

　Азыркы учурда техника абдан өнүгүп жаткан мезгил. Ал ар кандай жаңы технологиялар, смартфондор, интернет. Булар биздин жашообузду алда канча жеңилдетти. Мисалы мурун телефон чалуу, же байланышуу үчүн көп убакыттарын кетирип, кыйналышчу. Ал эми азыр болсо баары ыңгайлуу жана оңой. Ошондуктан интернетти пайдалануу жакшы нерсе деп ойлойм.

　Ал эми гезит, журнал, китепти да окуш керек. Китептен көп информация алып, гезит аркылуу көптөгөн маанилүү маалыматтарды алсаңар болот. Мурун баары эле китеп, гезиттен информация алып окуп келишкен. Баардык адамдар жок дегенде жашоосунда 5 китеп окушчу. Азыр чындыгында эч ким деле китеп окубай калды. Китеп, гезит окубаган адамдын кругозору да начар болот. Адам улам жаңы маалыматтарды алуу менен өзүнүн жашоосунда карап, талдап, колдонууга аракет кылышат. Бирок азыр мурункудай жанына китеп алып же аны издеп убакыттын кетирбей, бат эле интернеттен каалаганын таап ала алышат. Жадакалса өнүккөн мамлекеттерде студенттер, работниктер интернет аркылуу сабак окуп же жумуштарын аткара алышат. Ошондуктан интернет колдоонуу жашоону жеңилдетти деп ойлойм. Эгер биз интернетти да гезит, китеп-журналдарды да убагы менен туура колдонсок туура болот деп ойлойм.

　現代は技術がとても発達している時代である。それは様々な新しいテクノロジーやスマートフォン、インターネットなどである。それらは私たちの生活を非常に楽にした。例えば、昔は電話をかける時や連絡する際には多くの時間がかかり、人々は困っていた。今はすべてが便利で楽である。そのため、インターネットの利用は良いことだと思う。

　同時に新聞や雑誌、本なども読まなければならない。本からたくさんの知識、新聞から日常的な大事な情報を得ることができる。昔、皆が本や新聞などから情報を得て読んでいた。一人一人は人生で少なくとも５冊の本を読んでいた。現在は誰も本を読まなくなった。本や新聞などを読まない人は視野も狭くなる。人間は新しい情報を入手するたびに、それについて考え、分析し、自分の生活のために使おうとする。しかし、今は昔のように本を探しに行き、本を持たなくてもさっとインターネットから欲しい情報を見つけられるようになった。先進国ではインターネットを使って学生はオンライン授業を受け、従業員は仕事ができるようになっている。そのため、インターネットの使用は生活を楽にしたと思う。もし、私達はインターネットも、新聞や本、雑誌なども適切に、正しく使えたらより役に立つと思う。

KRK06

　Саламатсыздарбы. Менин оюмча экөөнүн тең кереги бар, анткени азыркы тапта бир гана жаштар эмес, кары картаңдар да бар экенин унутпашыбыз керек деп ойлом. Газета жана журналдардын пайдалуу жана зыян жактарын саноо менен айтса болотко дейм.

　Мобилдүүлүк, ооба бул жеңил,экономдуу, убакытты туура мындайча айтканда, убакытты үнөмдөөгө, жана эгерде биз журнал сатып алганда анын сумкадагы ээлеген оордугу болсо, телефон менен андай нерседен кутулсак болот. Газетага кеткен акчага бирдик салып, бир гана газета журнал окубастан, башка да түрдүү нерселеди көрүп окуса болот. Газетанын жаңы саны чыкканча, интернеттен алдын ала окуп алса болот.

Ал эми минус жактары ал телефон менен колоднгондо биз энергия кетиребиз, анын (телефондун) көзгө жана башка органдарга дагы зыяны өтө чоң, жана ошондой эле эгерде свет жок болгон учурда интернеттин иштебей калат.

Ал эми газета-журналдар ал нерсенин жок болуусун элестете албайм. анткени: телефон менен интернет менен колдоно албаган адамдар бар, аларды кантсек болот. Улуу чоң ата, чон апаларга, газета журналдар ыңгайлуу деп ойлойм жана ошондой эле жаш балдарга интернетти эркин колдонууга берүү алардын лен-соолугуна, деги эле, интернетти көп колдонуу, адамдын ден-соолугуна терс таасирин тийгизбей койбойт.

Мисалы: Бизден өнуккөн мамлекеттер эмнеге газета жана журналдарды жок кылышпайт. Газета журналдардын жок болуусу, келечекте китептердин дагы жоголуу коркунучун алып келет деп корком.

こんにちは。私の意見では両方とも必要である、なぜならば、今は若者だけではなく、古い世代のことも忘れてはいけないと思う。新聞と雑誌の恩恵と弊害について以下にいくつかのポイントを取り上げたい。

モビリティ性、もちろんこれは楽で、軽くて、節約もでき、時間を合理的に使えるという意味である、例えば、一冊の雑誌を買って鞄に入れと重くなるかもしれない、しかし、携帯電話があるとそのような荷物にはならない。

新聞に使うお金をインターネットのために使用すると一冊の新聞だけではなく、様々なたくさんのことが読めるようになる。新聞の最新版が届くまで既にインターネットで読めてしまう。

インターネットのデメリットは、携帯電話を使う時にエネルギーがかかり、携帯電話の画面から出る光も目を含む体全体に悪い影響を与えることも多々あり、そして停電の時にインターネットも使えなくなることもデメリットの一つである。

新聞や雑誌などについて言及すれば、これらがなくなることは想像もできな

い。なぜならば、携帯電話やインターネットなどを使えない人もいるからであり、彼らをどうするのか。お年寄りの祖父や祖母たちにとって新聞や雑誌などが読みやすいと思うし、そして子供たちにインターネットを自由に使ってもらうのも彼らの健康に良くないだろう、子供の健康だけではなく、大人のも制限がなく使うのは彼らの健康に悪影響を与える。

　例えば、私達より発展している先進国ではなぜ新聞や雑誌などが無くなることはなく、現在も読み続けられているのだろうか。新聞や雑誌などが無くなると、将来、本も無くなるという恐れがある。

KRK07

　Менин оюмча бугүнкү күндө жогор жакта белгиленгендей эле интернеттин пайда болушу менен гезит, журналдарды окуган адамдардын саны 80% ке азайды десем болот. Себеб дегенде көп нерсени интернет аркылуу оңой олтон көрүп калдык десем болот. Мисалы:гезит-журналдарды, радио-телекөрсөтмөлөрөдун баардыгын электрондук версиянын интернеттен окууга мүмкүн. Бир жаагынан алганда оңой десем дагы болот.

　Эми гезит-журналдардын керектүү, пайдалуу жактарын айта кетсек. Албетте гезит-журналдардын биринчиден интернет сыяктуу азырык жок десем болот. Эч жакка алаксы болбой окуй аласың десем болот. Жана дагы азыркы учурда көптөгөн гезиттер чыгып жатат ошолордун ичине мен Супер-Инфо гезиттин баамдан кетмекчимин. Себеб көпчүлүк адамдарды өзүнө тартып турат. Жана айыл жергенсиндеги адамдар ушул гезит аркылуу көп жергесиндеги адамдар ушул гезит аркылуу көп жаңылыктарды уга алат. Демек гезиттин да кереги бар. Жана айта кетчүү нерсе эгер гезит журналдар жок болсо, мындайгча айтканда журналистердин да жумушу азайып калмак.

　Энди мене ойлойм келечекте интернет дагы, гезит-журналдар дагы керек деп себеб дегенде экөөнүн тең пайдасы өтө чоң. Ал түзмө түз көрүнүүп турат.

　私の意見では、書いてある通り、インターネットの普及に伴い新聞や雑誌な

どの読者が80%に減ったと言える。なぜならば、たくさんのことを楽にインターネットで読めるようになったからである。例えば、新聞や雑誌、ラジオ、テレビ番組の全ての電子版をインターネット上で見られるようになった。つまり、生活が非常に楽になったと言える。

　新聞や雑誌などの良い点についても考えてみよう。確かに、新聞・雑誌の場合はインターネットのように気が散ることなどがない。集中して読めると言える。そして、現在数多くの新聞が発行されているが、その中から多くの人に読まれている「Super-Info」という紙について取り上げたい。なぜならば、多くの人の関心を寄せているからである。キルギスの地方に住む人々はこの新聞のおかげで必要な情報を得ている。このように、地方における役割を考慮すれば新聞が必要であると考えられる。また、言っておきたいのは、もし新聞や雑誌などがなくなると記者たちの仕事も減少することだろう。

　私は、将来的にインターネットも新聞や雑誌なども必要であると思う、なぜならば、両方とも大きく役に立つからである。それはある意味で当然のことでもある。

KRK08

Ооба, чындыгында азыркы учурда жада калса ымыркайлардан баштап улуу муундун өкүлдөрүнө чейин интернет колдонууга мүмкүнчүлүк бар. Менимче таң калуунун кажети жок. Себеп дегенде бардык дебесем да, көпчүлүк нерсе замандын талабына ылайык. Сөзумдүн жөнү бар. Мисал келтирсем, мурун айылдан айылга кат ташуунун негизинде байланышчу, андан соң, балким суроо-талап негиз болгондур, кицинчирээк почта, алгачкы үлгүдөгү уюлдук телефондор пайда болгондугу барыбызга маалым. Демек, өнүгүүнүн жолу, технологиялардын заманына кадам деп билсек болот. Албетте, өзгөрүүгө, өнүгүүгө жараша адамдардын аң-сезими да өзгөрөт. Бүгүнкү күндөгү көрүнүш сөзүмө далили деп эсептейм.

Бирок, медальдын дагы эки тарабы болот. Өнүгүү деп эле бул нерсеге чекит коюуу туура эмес деп билем. Интернеттин пайдасы деп билген он жактары:

1-убакыт, көптөн баалуу болгон убакытты пайдалуу колдонууга болот, 2-маалымат, "моментально" өзүң муктаж болгон,же кызыккан маалыматты дароо тапсаң болот, айта берсе көп. Ал эми терс деп билген мүнөздөмө: 1-ден-соолук, сөзүмдүн жөнүн далилдөө максатына, көпкө белгилүү болгон мисал. Интернетти, тагыраак айтканда, социалдык тармактарды, дагы башка каражаттарды колдонууда, жогору айтылган убакыт, айтпаса да түшүнүктүү деп ишенем, адамдын ан-сезиминине, органдарга терс таасир деп ойлойм. Мисалы: көзгө, баш ооруларына, көз карамдуулукка, кулакка ж.б. Ошондуктан, бир нерсени мактоодо анализдөөнү талап кылуу керек.

Күндүн темасы болгон гезит, журналдар. Менимче азыр массалык маалымат каражаттарынан (ММК) өздөрүнүн окурмандары бар деп ойлойм. Китептердин, гезит, журналдардын пайдасы бар деп тилейм. Ошондой эле, интернет болгондон кийин келечекке пайдасы жок дегенден алысмын. Убагында ушул (ММК) артынан ушул нерсеге келдик десем болот. "Колдо бар алтындын баркы жок" болуп калуу жаман. Китепканага барып, издеп табып, гезит журналды окуу чоң эмгек, жана ден-соолукка пайда.

Ошондуктан, жоктон барды кылган соң, замандын талабы деп эле койбостон, барды жокко чыгарбайлы.

　確かに、現在、子供からお年寄りの人までインターネットを使う機会がある。驚くほどではないと思う。なぜならば、今起きている現象の全てではないけれども、その多くは時代に適したものである。このように言う私には理由がある。例えば、昔、人々は村から村に手紙を持って行くことで連絡を取り合っていたが、その後、皆が知っている通り先に郵便サービス、次に携帯電話が出現した。というのは、発展の道へ、技術の時代への第一歩だったと思われる。もちろん、変化と発達に伴い人間の考え方も変わっていく。今起きている現象は私の述べていることの証拠だと思う。

　しかし、コインには裏表がある。発展のためとはいえ、これを終わりとするのは正しくないと思う。インターネットの恩恵だと考えられるその一つ目の良い点は時間の節約である、大切な時間を節約することができる、二つ目は情報である、必要な、関心がある情報を直ぐに見つけられる、数え続ければこの他

にもたくさんのメリットがある。良くない点としては、1つは健康の問題が挙げられる、私の言葉を裏付けるために皆に知られている例を取り上げたい。例えば、インターネット、具体的に言うとSNSを使いすぎると人間の考え方や体に悪影響が与えられる。例えば、目や頭、耳などの病気にかかる可能性がある、そのため、何かが本当に良いかどうかを言う前に分析しなければならないと思う。

　新聞や雑誌の問題について見てみよう。今は大規模な情報通信会社にそれぞれの読者がいると思う、本や新聞、雑誌などの恩恵があると期待している。インターネットがあるからと言って新聞などは将来的に要らなくなるとは断言できない。新聞・雑誌のおかげで今の情報時代に至ったと思うし、「手元にある金の価値がない」という訳にはいかない。図書館に行って、新聞を探し、見つけてから読むのは評価に値する努力でもあるし、そして健康にも良いと言える。

　したがって、何も無いところから作り出したのだから、時代の要求という言い訳にせずに、既にあるものを無くさないようきちんと守ろう。

KRK09

Албетте интернет булактарынын пайда болушу бизге бир канча жеңилдиктерди алып келди. Бирок бардык нерсенин эки жагы бар дегендей бул нерсени жакшы жагы дагы жаман жагы дагы бар деп ойлойм. Себеби интернетти ар ким ар кандай максатта колдонушат. КЭЭ бири сабак окуш үчүн болсо, бирөөсү маалымат булактарга кирсе, бири жөн эле максатсыз кирет. Ар бир адам жакшы пайдалуу жагын колдонушу керек.

Гезит журналдардын зарылчылыгы жок дегенге мен кошулбайм, себеби улуу муундагы биздин чоң ата, чоң апаларыбыз гезитти сүйүп окушат. Мисалы жумасына бир жолу жаңы гезит чыгат, аны болсо күтүп окушат. Ошого байланыштуу макаланы чыгарганда дагы глобалдуу же болбосо кызыктуу кылып чыгарышса жакшы болмок. Көпчүлүк учурда жылдыздардын жеке жашоосун жазып чыгышат, ал нерсени туура эмес деп ойлойм. Ар бир адамдын жашоосу өзүндө. Андан көрө пайдалуу кеңештерди жазып чыгышса, элге дагы маалымат болмок.

Келечекте дагы гезит журналдар керек болуп калышы мүмкүн. Себеби интернет дагы бир күнү өчүп жок болуп калышы мүмкүн ошондуктан кажети бар. Гезит окуган мага дагы кызык. Андыктан гезит журналдардын сөзсүз түрдө кереги бар!

　もちろん、インターネットの出現は私たちの生活をかなり楽にしてくれた。しかし、全てのものは両面があると言われる通り、インターネットの良い面も悪い面もあると思う。なぜならば、それぞれの人たちは様々な目的でインターネットを使うからである。誰かは勉強のために使えば、他の人は情報を得るために使う、もう一人は特に目的がなく使っている。それぞれの人は自分の役に立つように使わなければならない。

　新聞や雑誌などはもう必要がないという意見に同意できない、なぜならば、お年寄りの祖父と祖母は新聞を好んで読むからである。例えば、毎週、新聞の最新版が発行されるのを楽しみにしている人がいる。そのため新聞に面白くて関心を引くような記事を載せてもらえたらと思う。主に、芸能人の私生活について記事が多く書かれる、それは良くないと思う。それぞれの生活はその人のプライベートである。それよりも多くの人々の役に立つアドバイスなどを含む記事を書いてもらえれば読者にも役に立つ情報になったかもしれない。

　将来、新聞や雑誌なども必要になると思う。なぜならば、ある日インターネットも無くなってしまうかもしれないからである。新聞を読むのは私にとっても面白いものである。そのため、新聞と雑誌は絶対に必要である。

KRK10

　Саламатсыздарбы! Биринчилерден туура айтасыздар, чындыгында азыркы заманда интернет колдонуучулардын саны өтө эле көп. Билбейм, башка өлкөлөргө теңелгендикпи же берилип кеткендей. Өзүм да жашырбайм, мен да ошолордун санына кирем деп эсептейм. Заманыбыз өнүккөн деп жалпы эле адам-заты, керек болсо, кичинекей балдар да колдонушат. Ал албетте, ден соолукка терс таасирин берерин билебиз. Бирок, ошого карабастан, интернет булагын, колдоонобуз. Мурун маалыматтын баарын, гезит-журналдардан билсек, азыркы заманда, интернет аркылуу билебиз. Албетте, бир четинен билбеген маалыматтарды билип алабыз.

Дүйнөлүк жаңылыктарды, каалаган бизге кызыктуу болгон нерселерди сурап биле алабыз. Каалаган кинолорубузду көрө алабыз. Ар кандай соц.тармактарды көчүрө алабыз жана колдоно алабыз. Адамдар менен баарлашабыз, кабарлашабыз ж.б.

Эгерде азыркы заманда, интернет булагын колдонбостон көптөгөн кызыктуу, гезит-журналдарды, алда канча билимдүү жана илимдүү адамдар көп болмок деп эсептейм. Себеби, көп жана толук маалыматтар гезит-журналдарда жана китептерде жазылган. Интернет булактары көбүнчө орус тилинде жазылгандыктан, кыргыз тилинде көп жана так маалымат жокко эссе.

Азыркы учурда, көптөгөн кызыктуу маалыматтарды гезит-журналдарга чыгарса, абдан жакшы болмок деп эсептейм. Жана жаштарды көбүнчө интернет булактарына эмес, окуп билим алуусуна кызыктырышса, анда заманыбыз алда канча жакшы өнүкмөк деп эсептейм. Биринчиден изилдөөчү, экинчиден бидимдүү, үчүнудөн мыкты адам болуп чыкмакпыз деп эсептейм.

こんにちは。指摘された通り、現在、インターネット利用者の数は本当に多くなってきた。他の国々と同等のレベルになりたかったのか、なぜなのかは分からない。私もそのインターネット利用者の中に含まれる。全ての人、子供でさえインターネットを使う発展した時代になった。もちろん、健康に良くない影響を与えることは分かっている。しかしそれにも関わらずインターネットを利用続けている。以前は全ての情報を新聞や雑誌などから得ていたが、今はインターネットから得ている。もちろん、知らなかった情報をインターネットから知ることができる。

世界中のニュースや興味があることについてすぐに調べられる。見たい映画が見られる。様々なSNSをダウンロードできるし、それを使える。人々と連絡し、交流すること等もできる。

もし、現在インターネットの代わりに面白い新聞や雑誌などを使っていたら学者が多かったかもしれない。なぜならば、あることについて完全な情報が新聞・雑誌、そして本に書いてあると思う。インターネットには主にロシア語の

情報が多く、キルギス語は十分かつ、確かな情報が少ないと言える。

　現在、多くの面白い情報を新聞・雑誌に載せてもらえたら良いのではないかと思う。そして若者はインターネットではなく、自分から興味を持って本を読み、知識を増やすようになっていたら時代もより発達していたと思う。まず最初に本を読むことによって研究者になり、次に教養を身につけ、最後にすばらしい人間になれるかもしれない。

資料	キルギス語・ロシア語バイリンガル (ロシ
6	ア語優位)(KRR) 意見文データサンプル10編

資料6では、ロシア語モノリンガルの意見文データ28編のうち、10編をサンプルとして掲載する。

KRR01

И правда мы живём в XXI веке, в веке цифровых технологий. Многое нам доступно, библиотеки, книги, журналы и тому прочие материалы мы мало им пользуемся. Всё это нам заменил интернет. С появлением смартфонов, компьютеров, а также доступа к интернету нам стало очень удобно, но есть и другая сторона медали. Мы можем утерять наши ценности, читать книги, не электронные, а наши бумажные, обычные, которые мы можем их пощупать потрогать; наши деды, бабушки жили в ином мире, с иными возможностями. Они не знали, что их племянники и будущее потомство будет жить в веке с доступом ко всему миру и быту, историю.

Наше будущее может быть и вовсе потеряно. Я могу предположить, что заменив книги на интернет мы многое теряем... Теряем нашу историю, память! Я стараюсь читать по мере моей возможности. Но даже я чувствую,что многое теряю. Конечно есть и плюсы, но минусов слишком уж много. Я люблю интернет; доступ к интернету, но с тем или иным я чувствую, что это всё превращается в зависимость! Я просыпаюсь сижу в интернете. Сплю с интернетом. Мы на гране потери самих себя!

В заключении я хочу сказать, что приобретаю новое, мы отказываемся от чего-то, это неизбежно! Но есть выход! Это-контроль! Это контроль над собой.

私達はデジタル時代の21世紀で暮らしている。図書館や本、雑誌、資料などの全てにアクセスできる時代ではあるが、これらを実際に使う人は少ない。インターネットはこれらの全てに取って代わった。スマートフォンやコンピューターの出現に伴い、インターネットを使えるようになり、私達にとって非常に

便利になったが、他方では問題のもう一つの面もある。私達は自分たちの本を読む価値観を失うかもしれない、電子版ではなく紙に印刷された、普通の、手に取り、触れられる本、私達の祖父や祖母は違う世界で、違う条件の下で暮らしていた。彼らは、自分の孫達とその末裔たちが全世界にアクセスできる機会に恵まれた時代で生きることを予想もしていなかったと思う。

　私達の将来はなくなるかもしれない。本を完全にインターネットに替えれば、私達は多くのことを失うと予想できる。私達の歴史や記憶が消えてしまう。私はできるかぎり読むようにしている。しかし、私でさえたくさんのことを失っているように感じる。もちろん、プラスもあるがマイナスの方が多い。私はインターネット、インターネットへのアクセスが好きだが、一方ではインターネットを利用することは依存症になっているような気がする。朝、目を覚めてからインターネットを使い始める。私はインターネットと共に寝ている。私達は、自分自身を失う危険な状態に近づいてきている。

　最後に言いたいのは、人は新しい物を得るときに必ず何かを失うことがある、それは仕方がないことである。しかし、解決策はある。それはコントロールである。それは自分自身をコントロールすることである。

KRR02

　У меня нет определенной точки зрения на этот вопрос. И то и другое утверждение имеет как и плюсы так и минусы. С одной стороны зачем тратить бумагу, краски и средства на то что, можно найти в интернете, а с другой стороны откуда нам быть уверенным в том, что читаемая вся информация с интернета достоверная? Сам я не читаю газеты и журналы. Все свежие новости я узнаю на сайтах, со страничках социальных сетей или же иногда просматриваю программу новостей на тв, чтобы быть в курсе последних новостей этого вполне достаточно. Конечно в газетах все описывается более подробно и рассматриваются некоторые важные детали, но мне откровенно говоря это не очень то и интересно. Мне нет дела до знаменитостей и их жизни, так же и журналы. И конечно для меня гораздо удобнее узнавать обо всем с телефона в электронном формате, ибо телефон компактен. Можно читать и в забитой маршрутке, и в недостаточно освещенном месте. Газеты и журналы громоздки и большая часть информации там не интересна мне. Если все перейдут на электронный формат то будет меньше вырубаться деревья. А еще сотни людей, что работают в редакциях останутся без работы.

Все же думаю лучше будет перейти в электронный формат. Если все перейдут на электронный формат, создадут специальные сайты с платной подпиской на определенные газеты и журнал, где информация будет рассортирована и расфильтрована. Так хотя бы половина людей не потеряют работу, да и информация там будет такой достоверной как в газетах (хотя их достоверность можно поставить под сомнение).

Не стоит забывать, что доступ к интернету хоть есть почти у каждого, но пользоваться им умеют не все, да и хранение не безгранично. Так что читать газеты или нет это выбор каждого.

私にはこの問題について決まった意見がない。両方の主張には長所と短所がある。一方では、インターネットで簡単に見つけられるのであれば紙やインク、費用などをこれほど費やす必要があるのだろうか、一方では、インターネット上で読む情報の全ては確かなだと確信できるのだろうか。私自身は新聞・雑誌などを読まない。最新のニュースを知るために様々なサイトを読んだり、SNSを見たり、たまにはテレビニュースを見たりすることがある、最新の情報を追うにはこれで十分だと思う。確かに、ニュースは新聞ではより詳しく掲載され、重要な点一つ一つ見ていくが、私にそこまで知る必要がないと思う。現在の新聞には有名人についてのニュースがたくさん掲載されており、私はそのようなテーマに全く興味がない。もちろん、私にとってより便利なのはすべてについて携帯電話の画面から電子版を通じて知ることであり、それは携帯電話がコンパクトで、どこでも利用できるからである。満席のマルシュルートカでも、暗い部屋の中でも利用できる。新聞や雑誌などはあまりにも大きいため、持ち歩くのは面倒である。もし、皆が電子媒体を利用するようになれば、木の伐採が少なくなると思う。また、出版社で働いている何百人もの人々が仕事を失う。

やはり、電子媒体に変えた方がいいと思う。皆が電子媒体を使うようになり、情報を分析・分別してくれる特定の新聞と雑誌の有料サイトが開発されたら、より便利になるのではないだろうか。そうすることで新聞社などの倒産による失業者の大半は仕事を続けられると思うし、私達読者も信頼できるニュースを読み続けられると思う（しかし、完全に信頼できるかどうかは疑問の余地があるが）。

　最後に忘れてはいけないのは、ほとんどの人がインターネットにアクセスできるが、それを正しく使える人は少ないこと、また、ストレージも無制限ではないということである。そのため、新聞を読むか、インターネットを使うか、人それぞれの選択によるものである。

KRR03

Ничего не имею против интернета или журнал и газет. Мне кажется, что в нашем мире можно использовать и интернет и при этом читать журналы и газеты. Конечно почти все многие пользуются интернетом и всевозможные новости они могут прочитать в телефоне. И многие отказываются от газет и журналов, зачем им тратить деньги покупать, когда можно не выходя из дома, не ставая с дивана все что тебе нужно прочитать через интернет. Наше поколение уже разучилось читать книги или газеты им всем нужен интернет и телефон. В то время как наши родителям нужны газеты и журналы. От них не болят глаза, можно поставить в сторонку и прочитать когда время будет. Но пользоваться интернетом им немножко в тягость. Они долго учатся им приходится напрягаться и все что с этим связано. Мое мнение таково что для каждого человека можно поставить выбор нужны ли ему интернет или книги газеты и журналы лучше. Пусть каждый человек выберет. Почему мы должны выбирать что то одно. Если просто можно делать все что захочется. Думаю люди делятся на 3 фронта выбирая какую сторону выбрать нужны ли нам газеты и журналы в будущем или нам хватит того что интернет позволяет и это прочитать и без этих вещей. Есть и люди которые не хотят выбирать. Думаю я из тех людей кому сейчас в данное время нет необходимости газет или журнал. Но книги я читать люблю. Через телефон очень неудобно глаза болят и быстро устают. Так что мне легче прочитать книжку. Но если мы говорим именно про газеты или журналы то я их почти не читаю. Разве что про спорт или моду. Но и они редко. Потому что мне не хочется пойти и купить за какую то сумму журнал, если я могу все это прочитать дома через интернет. И возможно многие так и думают. Наверное я не уверена но я думаю что мы можем и обойтись и без газет. Во всяком случае именно я. Но без книг никак. Но мы же говорим про газеты и журналы.

　インターネットや新聞、雑誌などのいずれに対しても反対しているわけではない。私達の世界では、インターネットを使いながら同時に雑誌・新聞も読めると思う。もちろん、多くの人はインターネットを利用しており、様々なニュースを携帯電話で読めるようになっている。多くの人は新聞と雑誌を拒否しており、家から出ることなく、ソファーから立てなくても必要なことはインターネット上で読める現在において、お金をかけ、新聞など買う必要があるのだろうか。今の若者は本や新聞などを読むことをすっかり忘れていて、彼ら全員、携帯電話とインターネットが必要である。私達の両親にはまだ新聞などが必要である。新聞を読むとき、目が痛くないし、横に置いておくと時間があるときに読めるからである。しかし、彼らにとってインターネットの利用は少し負担になるところがある。インターネットの利用するための学習に時間がかかり、努力を必要とすることなど、様々な不便なところがある。私の意見では、どちら選ぶかをそれぞれの人に自分で決めて貰った方がいいと思う、彼に何が最良なのか、インターネットかそれとも本や新聞と雑誌なのか。それぞれの人が自分で決めてよい。なぜ、私達は1つだけ選ばなければならないのか。好きなことは何でもできるにもかかわらず。選択するときに人々は3つに分けられると思う、将来我々に新聞と雑誌が必要であるという人々とネット上で読めることでも十分であるという人々、そしてこれらが要らないという人々である。選択をしたくない人々もいる。私は、新聞と雑誌を必要としていない人々の中に入ると思う。しかし、本を読むのが好きだ。携帯電話を通じて読むことは不便で、目が痛く、すぐに疲れてしまう。そのため、私にとって本を読むのが便利である。しかし、我々は具体的に新聞と雑誌について議論しているのであれば、私はそれらをほぼ読まない。スポーツとファッションに関するものであれば別だ。

しかし、それらもめったに読まない。なぜならば、それらのすべてについて家にいながら読めるため、わざわざ行って、お金をかけて雑誌を買いたくないからである。多くの人がそう考えているかもしれない。断言はできないが、新聞がなくても生きていけると思う。少なくても私は困らない。しかし、本が絶対必要だと思う。私達は必要ではないと新聞と雑誌のみについて話しているだろう。

KRRO4

Мие кажется в будущем мы перейдем на полностью цифровой мир. Станем реже использовать бумагу, а значит и журналы и газеты будут в цифровом виде. Безусловно люди не могут быть достойными членами общества, если они не будут читать, получать информацию, обмениваться своими знаниями. Это все часть развития. В будущем мы будем делать это все через интернет и нигде больше.

Было сказано: одни говорят, что с появлением интернета, нет необходимости читать газеты и журналы. С одной стороны это неправильно. Мы должны получать информацию в любом ее виде. Современная молодежь получает ее с разных приложений, радио и телевидения. Не покупая газеты и журналы можно сохранить какой то процент лесов и деревьев. Получается что переходя в мир гаджетов мы уменьшаем нанесение вреда экологии. Но из за излучений исходящих от современных приборов, страдаем мы, люди. Конечно в будущем наши организмы приспособятся к такому количеству излучений.

В любом случае мир не вернется в прежнее состояние. Этим я хочу сказать то что в будущем никто не будет покупать бумажные газеты, журналы и даже книги. Мы в любом случае перейдем на современные приборы (смартфоны, планшеты, ноутбуки и т.д.) и будем получать также информацию, как раньше ее получали с газет и журналов.

私達は将来完全にデジタルの世界に移行するように思う。紙の利用することは次第に少なくなり、その結果雑誌と新聞がデジタル版に変わる。人々は本を

読んだり、勉強したり、知識を共有したりしないと、尊敬される社会の一員にはなれない。全ては発展の一部なのだ。将来、これらの全てはインターネット上で行うことになると思う。

このような意見が出された、「ある人はインターネットができてから新聞や雑誌などを読む必要性がなくなったと言う。」という意見である。一方では、このような見方は間違っている。私達はどのような情報であってもそれを知らなければならない。現代の若者は情報を様々なアプリやラジオ、テレビから入手している。新聞と雑誌を利用しないことによって森林と樹木を一定の割合で保護することができる。つまり、ガジェット世界に移行することによって環境へのダメージを減らすことができるということだ。しかし、現代の機器から発せられる光のせいで、私達人間は苦しんでいる。もちろん、将来に私達の体はその光にも適応するかもしれない。

いずれにせよ、世界は元に戻らない。つまり、言いたいのは将来に新聞と雑誌、本さえ誰も買わなくなるということだ。我々は間違いなく最新の機器（スマートフォン、タブレット、ノートパソコンなど）に移行し、そして昔の人が情報を新聞と雑誌から得ていたように、情報を入手するようになるだろう。

KRR05

На сегодняшний день, как мы все знаем, ни один человек не может прожить без какой-либо информации. Сейчас актуален интернет, естественно. При любых вопросов, которые возникают в нашей голове мы без раздумий начинаем искать ответы на наши вопросы в интернете. С каждым днем человек становится более ленивым из-за новых изобретений, которые нам облегчают жизнь. Если так смотреть, то у этих монет есть 2 стороны, как и плохая, есть так и хорошая. Предпочитаю ли я газетам и журналам интернет, однозначно да! Ибо у интернета больше плюсов, чем у тех же газет и журналов. Например не надо тратить деньги, время в поисках киоска, да и мы точно не будем знать есть ли то что мы хотим в наличии, срубаются деревья, ради того что бы делать все это. Далее конечно все перерабатывается и в итоге это тупо мусор. Ради нашей экологии нам все же следует думать о последствиях. Но как я и писала, что есть и плюсы в газетах и журналах. Информация сохраняется как и в голове так и где то у вас полке надолго, а еще они вызывают некую ностальгию, передают атмосферу того времени, когда вы шли каждое утро покупать свежую газету, чувствовать этот запах, звуки перелистывающего бумаги. Помните журналы особенно детские? Мои родители часто мне их покупали, потому что телевизор и журнал были главным развлечениями.

На счет интернета, я благодарна, что он есть, без него я бы не узнала много информации, которые интересует меня, не знала бы о компьютерных играх, особенно стратегических, которые как мне кажется интереснее чем шахматы. Если так подумать без интернета не было бы столь огромного выбора. Конечно мы прям обленились, не выходим из дома, да и не зачем, если у нас под рукой у нас такая вещь, то зачем нам например ходить в торговые центры, что бы узнать есть ли вещи и вообще имеются ли размеры. Ну и тупим мы конечно тоже. Мы ищем только то что нас интересует, а если бы не было интернета, то думаю мы были бы более разнообразными. Интернет дает лишь какую-то оболочку, за которую мы цепляемся. Да и не всегда информация правильна.

Все же думаю что лучше использовать интернет ибо я за экологию, зачем срубать деревья если можно и обойтись без этого. Но и не нужно чрезмерно использовать интернет. Если бы нам всем дали выбор между красной и синей таблеткой, выбрали бы мы в итоге то что нам по душе. Как говорится на вкус и цвет фломастеры разные.

　今日、私達の誰もが知っているように、何らかの情報なしに生きていくことはできない。今、最も話題になっているのは当然ながらインターネットのことである。私達の頭でどのような疑問が生じても、ためらうことなく、その疑問に関する答えをすぐにインターネットで探し始める。私達の生活を楽にしてくれる新しい発明のおかげで、人間は時間と共により怠惰になっている。このように考えてみると、どのようなコインでも両面がある、良い面と良くない面である。私は、新聞と雑誌よりインターネットの方を好むかと言えば、間違いなくそうである。なぜならば、新聞・雑誌と比べ、インターネットは長所がたくさんあるからである。例えば、お金をかけなくても良い、キオスクを探さなく

ても良く、それに欲しいものが在庫にあるかどうかを正確に分からない上に、これを全てやるために木々も大量に伐採されている。その後、もちろん全てが処理されて、最終的に単にゴミになってしまう。エコロジーのために我々は最終的な影響について考えなければならない。先述した通り、新聞と雑誌にも長所がある。情報は頭の中でも、どこかの本棚でも長く保存され、そして昔の雰囲気を伝えてくれる懐かしさを呼び起こす、それは毎朝最新の新聞を買いに行っていたときの特別な匂い、新聞に触れたときの感覚などを思い出させてくれる。特に、子供用の雑誌を覚えているだろうか。子どもの頃、あの頃の主な遊びはテレビと雑誌だったから、よく両親に子供用の雑誌を買ってもらっていた。

　インターネットについて言えば、あって良かったと思う、インターネットのおかげで私が関心を持っていることについてより多くの情報を知ることができた、特に、チェスより面白いと思うコンピューターゲーム（特に、戦略についてのゲーム）についても知ることができた。よく考えてみると、インターネットがなければこれほどの選択肢がなかったかもしれない。もちろん、私達は怠け者になってきた、家から出ないし、出る必要もない、このようなものが手元にあるのであれば、欲しい物の在庫やサイズの確認のために実際にデパートに行かなくても済む。我々も間違いを犯すことはある。我々は関心のあるものだけ探すため、もしインターネットが存在しなかったら我々はより多様性を持っていたかもしれない。インターネットは小さな一部だけ見せてくれる、それに我々はしがみついてしまう。それに、いつも正しい情報が載っているとは言えない。

　私は最終的にインターネットを利用した方がいいと思っており、それは環境を第一に考えるからで、避けられるのであれば木々を伐採する必要があるのだろうか。しかし、インターネットも使いすぎないよう気をつけなければならない。もし、我々が赤いタブレットと青いタブレットのどちらかを選択しなさいと言われたら、結局は自分が好きなものを選択するだろう。よく味覚と色覚は違うと言われるように、それぞれの人にはそれぞれの好みがある。

Роль интернета действительно становится все более и более ощутимой с каждым днем, причем практически в любой сфере человеческой деятельности: образовательной, медицинской, культурно-духовной и других. Поэтому в наших реалиях достаточно тяжело оставаться в курсе событий, практически немыслимо представить свою жизнь без интернета.

Как уже понятно, мы вряд ли сможем цивилизованно жить без интернета, так как он заменяет многое, дает большие возможности, отнимает большую часть нашего внимания. Все это в совокупности может привести к глобальным последствиям, как утверждают многие. И одно их этих последствий – исчезновение книг и журналов из нашей жизни.

Могу сказать, что я отношу себя к числу тех, кто отрицают такую возможность. Несмотря на то что я родилась в конце 20-го начале 21-века, времена больших возможностей и эра интернет-господства, мне не хочется допускать мысли об утрате книг / журналов своей роли в жизни людей. На то есть несколько причин.

Первая и основная причина – образовательная функция книг и журналов. Безусловно, интернет может похвастаться наличием разного плана вебинаров, образовательных онлайн курсов, огромным количеством статей и бесчисленным количеством книг в электронном и аудио форматах. Однако это на мой взгляд не в силах сделать из человека по настоящему образованного и достойного члена общества.

Вторая причина – это редакция и обработка информации, которая собирается и публикуется в журналах, книгах и газетах. А информация, публикуемая на новостных порталах может быть не достоверной, написанной некомпетентными людьми.

Третья причина – преемственность. На мой взгляд, сохранять журналы и газеты необходимо, поскольку это один источников информации, который зародился в далеком прошлом человечества. И даже наличие новостных и развлекательных порталов не сможет в полной мере заменить формат, в котором информация подается в газетах и журналах.

Еще одна маленькая, но ощутимая деталь – это необходимость газет и журнал в хозяйстве. Большинство людей старшего поколения не могут обойтись при уборке и т.п. Все это вместе, на мой взгляд, ставит под сомнение предположения об утрате газетами и журналами своей роли в нашей жизни.

インターネットの役割はますます日々ますます重要になっていて、人間が活動するどの分野においても重要度を増している。その分野とは教育や医学、文化的、精神的な活動等がある。

そのため、私達の現実では常に最新の情報を入手することは非常に困難であり、インターネットなしの生活を想像することはほぼ不可能である。

もう明らかになっていることだと思うが、我々はインターネット無しで文明な生活を送ることができないだろう、なぜならば、インターネットが多くのものに取って代わり、様々な機会を与えてくれ、私達の多くの関心を奪うからである。結局、これは最終的に世界的な悪影響をもたらすと言われている。その悪影響の一つは私達の生活から新聞と雑誌が消失することである。

私自身は、このような可能性を否定している人々のひとりである。私は、大きなチャンスの時代、インターネットが支配する時代でもある20世紀末、21世紀初頭に生まれたにも関わらず、本や新聞、雑誌などの人々の人生における役割が完全に無くなると思いたくない。それにはいくつかの理由がある。

第一の理由は、本や雑誌が教育的機能を持っていることである。もちろん、インターネットには、様々なウェビナーやオンライン教育コース、膨大な数の記事、そして数え切れないほどの電子書籍やオーディオブックの書籍がある。しかし、それだけでは、人間は真に教養のある立派な社会人にはなれないと思う。

第二の理由は、新聞や雑誌、本などに収集され、掲載される情報の編集と加工の問題である。インターネット上のニュースポータルに掲載される情報は知識のない人々によって書かれた不正確なものであるかもしれない。

第三の理由は、連続性の問題である。私の意見では新聞と雑誌を保存する必要がある、なぜならば、これは大昔に発明された情報の源の一部であるからである。また、ニュースや娯楽などのポータルサイトが存在しても、情報が新聞・雑誌で報じられる形式を完全に置き換えられないと思う。

最後に細かくても重要な指摘は、新聞と雑誌が家庭の中で必要であること

資料6　　173

である。年配の世代の人々の大部分が掃除するとき必ず新聞・雑誌を利用する。以上で述べてきた全ての論点を踏まえると、私達の生活における新聞と雑誌の役割が無くなるという推測は疑わしく思えてくる。

KRR07

С появлением интернета процесс обмена информацией упростился и ускорился. Так, не тратя время на поход в киоск и покупку газет или журнала. Мы можем узнать, что происходит в нашей стране и за ее пределами. В этом и есть удобство интернета, но есть и отрицательная сторона. На многих новостных порталах переизбыток информации, вследствие чего человек, который обладает слабой силой воли или легко подвержен воздействию, может потерять время, листая страницы и кликая на разные страницы. К тому же часты случаи дезинформации так как сайт получает деньги за сет посещений в день.

Газеты и журналы же являются источниками информации для людей у которых нет доступа к интернету (жители высокогорья или труднодоступных и отдаленных регионов). Помимо источника информации, газеты и журналы, также могут служить в качестве приятного времяпрепровождения так как в них печатаются кроссворды, судоку и т.д.

К тому же газеты часто используются в хозяйстве, так как эта бумага хорошо впитывает влагу и запахи, и является средством при уборке дома, например мойка окон. А журналы можно использовать, вырезая из них понравившиеся фотографии или картинки для аппликаций, коллажей или декора.

С точки зрения экологии, газеты и журналы являются угрозой, так как для их изготовления вырубаются тысячи гектаров лесов и огромное количество сырья, в то время как интернет не требует таких затрат. Но именно в нашей стране где не все имеют доступ к интернету ввиду различных причин, газеты и журналы все еще актуальны.

Возможно когда найдется альтернатива, доступная всем, не будет необходимости читать газеты и журналы, но сейчас и в ближайшие 10 лет, возможно люди будут пользоваться и узнавать новости из газет и журналов.

インターネットの出現に伴い、情報の交換のプロセスがより簡単に、そして高速になった。例えば、新聞・雑誌を購入するとき、キオスクまで行くために時間を費やさなくてもよい。国内だけではなく国外で起きているニュースなども簡単に知ることができる。これはインターネットの便利な特徴だが、否定的な側面もある。多くのニュースポータルサイトでは情報が多すぎる、その結果、自制心の弱い、あるいは影響されやすい人は様々なサイトを見たり、様々なリンクをクリックしたりして自分の時間を無駄に使うかもしれない。さらに、サイトは1日にどのくらいのユーザーが使ったかによって報酬が支払われるため、誤った情報が頻繁に表示される恐れもある。

新聞や雑誌などはインターネットにアクセス出来ない地域の人々にとっての情報源である（高地、または僻地に住んでいる人々）。新聞・雑誌は情報源であるだけではなく、クロスワードや数独などが掲載されており、時間を楽しく過ごす方法の一つとしても役立つ。

それに、新聞紙は家庭でよく使われる、なぜならば、紙は水分と匂いをよく吸い取り、家事をするときに掃除の手法として使われる、例えば、窓を拭く時に使われる。雑誌は、気に入った写真や絵などを切り取り、貼り絵、コラージュ、デコレーションのために使える。

エコロジー問題の観点から見れば、新聞や雑誌は自然にとって脅威だと言える。新聞紙を作るために何千ヘクタールもの森林が伐採され、大量の原材料が必要であるが、インターネットの場合はそのような費用が要らない。だが、私達の国では様々な原因で人々にインターネットへのアクセスが保証されていないため、現在も新聞と雑誌が必要とされている。

もし、将来的に皆がアクセスできるような代替手段が開発されたら、新聞と雑誌を読む必要性が無くなると思うが、少なくとも今後10年間は、人々は新聞や雑誌を使ってニュースを知るしかない。

KRR08

Конечно в наше время интернет играет очень важную роль в нашей жизни. И соответственно очень редко начали использовать газеты и журналы тогда как все интересующиеся нас новости или информации мы можем получить через интернет. По правде говоря некоторые вообще не используют газеты и журналы.

В таком случае стоит вопрос о том нужны ли нам газеты и журналы будут ли они нам необходимы в будущем когда уже сегодня они теряют свою актуальность? Я думаю, что несмотря на то что практически у всех есть возможность пользоваться интернетом все ещё существуют те которые уже привыкли читать газеты и журналы. Так как молодежь часто используют интернет и в дальнейшем может быть газеты и журналы так и останутся не очень актуальными в пользовании. В тоже время люди, которые специально приходят в библиотеку или же покупают чтобы почитать в бумажном виде то есть это люди которые не приемлют использование интернета. Учитывая все это может быть в будущем газеты и журналы не утратят свою ценность все же будут нам нужны.

Но с другой стороны все же задумываешься в последнее время с каждым днем настолько развивается техника все увеличивается количество пользующихся интернетом зачем нам газеты и журналы нам в будущем когда все под рукой.

もちろん、インターネットは私たちの生活において非常に重要な役割を果たしている。そのため、新聞と雑誌はあまり読まれなくなった、なぜならば、インターネットを通じて、関心のあるニュースや情報の全てが入手できるからである。実際に、新聞や雑誌を全く使わない人もいる。

そうであれば、既に現在において読まれなくなった新聞・雑誌は将来も必要になるのだろうかという問題が生じる。現在、すべての人にインターネットへのアクセスがあるけれども、新聞や雑誌を読むことに慣れている人もまだいると思う。若者はインターネットをよく使用するため、将来的に新聞や雑誌などは今と同様に重要性が低いまま存在すると思う。一方で、わざわざ図書館まで行き、それとも紙で読むために購入する人々もいる、彼らはインターネットの

使用を受け入られない人々である。これらを考慮すると、新聞・雑誌は将来も重要性を失わずに、私達に必要となっていくかもしれないと思う。

しかし、その一方では、最近よく考えさせられることではあるが、日々技術が発達し、インターネットの利用者がますます増えている昨今、指先1つで何でもできるようになった未来に新聞と雑誌が本当に必要なのかと考えてしまう。

KRR09

По моему мнению несмотря на то что есть доступ к интернету по любому надо читать газеты и журналы. Да, сейчас мир технологий но не нужно забывать и о старых способов узнать подробную информацию чем либо. Но это еще зависит какие газеты? Какие журналы? Периодические издания читать не стоит там много предвзятости и банальной безграмотности. У этих изданий нет цели дать нам наиболее объективную информацию. На данный момент дело и в том что сперва какое то инфо публикуется сначала в социальных сетях и только потом печатаются. Да, в интернете можно найти любую информацию, но по любому когда читаешь в электронной версии не впитываешь в себя всю информацию. Не анализируешь и в принципе не думаешь головой. Все равно не получаешь тех эмоций которые ты получаешь при чтении журналов и газет.

Это только у нас в нашей стране не читают газеты. Многие не желают тратить деньги а про журналы вообще молчу, они и раньше были не очень популярны. Почему люди раньше покупали газеты, многие из-за программы и у многих не было доступа к интернету. В других странах газеты и журналы очень популярны. В соц сетях когда проводили опрос многие описывали то ощущение которое они получают когда утром им привозят свежую утреннюю газету, тот трепет души который они описывали. Коротко говоря нужно еще раз надо читать газеты и журналы. Тем более их потом можно использовать для печки или макулатуры.

私の意見では、インターネットにアクセスできるようになったとしても、新

資料6　　177

聞や雑誌は読まなければならないと思う。たしかに、現代はテクノロジーの時代ではあるが、ある事について詳しい情報を入手するための過去の方法も忘れてはならない。ただし、これはどのような新聞なのかにもよると思う。どのような雑誌なのか。定期刊行物は読まないほうがいい、それらには多くの偏見や、教養が無いものが多い。このような出版物には客観的な情報を伝えようという目的がない。今日では、情報が先に SNS に載せられ、それから出版されることも問題になっている。確かに、インターネット上ではどのような情報でも簡単に調べられるが、電子版で読むときにはどうしてもその情報の内容の全てを吸収することができない。分析をせず、基本的に自分の頭で考えない。新聞や雑誌を読むときの感動はどうしても得られない。

　私達の間で、私達の国だけで新聞が読まれていないと思う。雑誌については言うまでもなく、多くの人は雑誌を買うためにお金をかけたくなかった、雑誌は昔から人気がなかったからである。なぜ、人々は過去に新聞を買っていたのかと言えば、多くの人はテレビの番組表を知るために買っていたからで、そして大多数がインターネットにアクセスしていなかったからである。他国では新聞と雑誌はとても人気である。SNS で行われた調査では、多くの人が朝に最新版の新聞が届けられたときに味わった気分、感動した瞬間を思い出していた。要するに、もう一度言うと、新聞や雑誌を読まなければならない。しかも、後で読み終わってから、ストーブや古紙のリサイクルのためにも利用できるのだ。

KRR10

　Переход на интернет является самым актуальным по многочисленным преимуществам. Для меня первую очередь это удобство. Газеты и журналы могут являться неким балластом которые нужно приобретать за определённую плату и постоянно обновлять. Если еженедельная то каждую неделю ежемесячная ежедневно. Это слегка затруднительно информации является уже устаревшей, при этом новый номер также ознакомиться с тем что уже прошло давно, вчера, но не час назад. Интернет мгновенно может внести в курс дела в настоящее время его не надо оплачивать каждый день или сворачивать и носить с собой он может рассказать на любом языке что угодно.

Много финансовых затрат на изготовление бумаги при стремлении человечества к сохранению природы. Производство, печать, обработка—если во всём этом необходимость? Ведь можно открыть сайт одним касанием или нажатием и не нанимать многочисленных служащих меняющих тяжелую работу ради получения нескольких страниц. Эти страницы в свою очередь заполняются информацией недавних времён но в конце концов устаревшие они уходят мусор, печку, макулатуру в лучшем случае лишь немногие могут думают отправить его на переработку. Это бумага устаревает и остается гнить.

Как в интернете так и журналах может идти дизинформация населения. Нигде не эти ресурсы не могут гарантировать абсолютную достоверность, адекватность и не подкоплю я мнение о событиях. Можно ли провести аналогию с книгами бумажными и электронными? Почему люди продолжают покупать бумажные книги при таких же недостатках? Очевидно что нельзя сравнивать литературу которая создавалась веками и не меняющееся наоборот именно её сохранение в чистом виде или большая популяризация знаний в разных сторонах как человеческой истории, какие обо всем что связано с нашим существованием является целью существования книг. А книги и журналы в свою очередь выполняют роль распространителя нового и определение актуальных тем, выстраивает и создает и направляют течения в массе. В любом случае я за интернет.

Ну в интернете конкуренция намного выше в связи с лёгкостью создания какого-либо сайта, ресурса, контента. Меньше финансовые затраты, при этом большая свобода самовыражении.

インターネットに移行することは数多くのメリットがあるため重要である。私にとって第一に便利さが重要である。新聞と雑誌はある意味で一定の価格で購入しなければならない重荷になっており、しかも毎回更新しなければならない。定期購読料を毎回支払わなければならない：日刊であれば毎日、月刊であれば毎月になる。これは少し難しい面がある、新聞はいつも昨日の情報を掲載

資料6　　179

しているため読者に届く頃には既に情報が古くなってしまう。1時間前のニュースではなく、昨日のニュースになる。インターネットの場合は、何が起きたのか直ぐに最新の情報をチェックできる。しかも、毎日料金を払わなくてもいいし、半分に折って持ち歩かなくてもいい。そして、どのような言語でも情報を提供してくれる。

　人々は自然の保護に取り組んでいるなかで紙を作るために多額の費用が必要とされている。生産、印刷、加工、これらは本当に必要だろうか。ワンクリックだけでウェブサイトを開くことができる今、大変な仕事を担う多くの社員を雇って、数ページの新聞を作り上げることは本当に必要だろうか。そして、その作り上げられた数ページの新聞には、もう古くなった情報が載せられ、それが読まれるとしても最終的に紙くずになる。リサイクルに出したいと考える人は少ないと思う。そして、紙はその後古くなり、朽ちてしまう。

　インターネットにおいても、新聞・雑誌においても、人々を誤解させる情報を与える可能性がある。どのようなリソースであっても、誰も完全に正確な情報があるとは保証できない。電子書籍と紙の本を比べられるのだろうか。様々なデメリットがあるにも関わらず、なぜ人々は紙の本をまだ買い続けているのだろうか。何世紀もかけて作られてきた文学であれば別の話である。そのような文学であれば紙の本として保存し、人類の歴史に関する諸問題や我々の存在に関するすべての情報を知識として普及させることは重要だと思う、それは本が存在する意味である。本と新聞は新しいものを広め、現代の問題について詳しい情報を提供してくれる役割を果たし、大衆が向かう方向性を作り、導いていく。いずれにしても、私はインターネットを選ぶ。

　インターネット上ではウェブサイトやリソース、コンテンツなどを簡単に作成できるため競争率は激しくなる。経費もそれほど高くなく、同時に自己表現もより自由度が高い。

あとがき

　本書は、筆者が 2023 年 3 月に広島大学大学院教育学研究科に提出した博士論文「同一社会文化を背景とするバイリンガルの説得のストラテジー：キルギス語とロシア語の意見文の比較」をもとに、その後の研究成果を加筆し、まとめたものです。元となった博士論文を構成する論文及びその他の論文については、次の通りです。

　西條結人 (2019)「説得を目的とした文章に関する対照修辞学研究の概観及び展望」『教育学研究ジャーナル』24，pp. 13–22.
　西條結人 (2021)「同一社会文化を背景とするバイリンガルの説得のストラテジー―キルギス語とロシア語の意見文のトピックに着目して」『広島大学大学院人間社会科学研究科紀要 . 教育学研究』2，pp. 454–463.
　西條結人 (2022)「同一社会文化を背景とするバイリンガルの文章構造の特徴―キルギス語とロシア語における意見文の比較」『西日本言語学会誌 NIDABA』51，pp. 1–21.
　西條結人 (2024)「多言語社会キルギスにおけるモノリンガルとバイリンガルの説得の戦略―キルギス語とロシア語の意見文のエートスと議論の型」『広島大学大学院人間社会科学研究科紀要 . 教育学研究』5, pp. 299–308.

　キルギスの言語・教育事情をめぐっては、博士論文の提出以降、そして本書の執筆作業を進めている最中にも、2023 年 7 月のキルギス共和国憲法法「キルギス共和国の国家語について」といった新しい国家語関連法規の制定や、同年 8 月のキルギス共和国法「教育について」の改正等、様々な変化が生じています。本書においても、最新の言語・教育事情を反映することも検討しましたが、分析当時のキルギスの言語・教育政策や社会文化的背景等を考慮し、本文での記載は最小限に留めることとしました。

なお、本書は独立行政法人日本学術振興会の科学研究費助成事業（科学研究費補助金）「令和 6（2024）年度研究成果公開促進費（学術図書）」（課題番号 24HP5052）の助成を受けています。

　本研究の遂行と本書の刊行にあたっては、非常に多くの方々からご指導、ご協力をいただきました。

　まず、本書のもとになっている博士論文の主査を務めてくださった広島大学大学院人間社会科学研究科の永田良太教授には、研究の構想段階から博士論文完成まで、大変お世話になりました。研究以外の面においても、筆者が研究者、教育者として独り立ちできるようにと様々な面で多大なご尽力をいただきました。大学院修了後も、いつも温かくご指導いただき、本当に感謝しております。副査を務めてくださった広島大学大学院人間社会科学研究科の松見法男特任教授、柳澤浩哉教授には、博士論文をまとめるに際して、それぞれのご専門の領域から、意見文と説得との関係性、分析の観点、研究の方向性等について、大変貴重なご意見やご指導をいただきました。

　広島大学森戸国際高等教育学院の迫田久美子特任教授、西口光一特任教授には、筆者の博士論文予備審査会にご出席くださり、先生方のご専門のお立場からご指導をいただきました。また、本書の出版に際し、筆者に先生方ご自身の学術図書執筆、出版のご経験をお話しくださる等、惜しみないご支援をいただきました。

　また、本研究での調査に協力してくださったカラサエフ記念ビシケク国立大学、バラサグン記念キルギス国立総合大学、アラバエフ記念キルギス国立大学の先生方、学生の皆さまにお礼を申し上げます。特に、カラサエフ記念ビシケク国立大学のマシュラポフ・タラスベック教授、氏原名美教授、ヴォロビヨワ・ガリーナ准教授には、キルギスでの研究調査に対する数多くのご支援、ご助言をいただきました。そして、ビシケク国立大学のジュヌシャリエワ・アセーリ氏、京都大学のベクトゥルスノフ・ミルラン氏には、キルギス語とロシア語の意見文データの原文と日本語訳の検証や、データ分析のための数多くのご助言をいただきました。

　本書の出版にあたっては、ひつじ書房編集長の松本功氏、副編集長の森脇尊志氏、元編集部の相川奈緒氏に大変お世話になりました。最後まで粘り強

くお付き合いくださるとともに、大変貴重なコメントをいただきました。

　本研究は多くの方のご縁とご厚意に支えられ、成り立っております。ここにすべての方のお名前を挙げることができないのが大変心苦しくありますが、この場をお借りして、ご指導、ご助言いただいたすべての方々に心より御礼と感謝を申し上げます。

　最後に、筆者をどんな時も温かく励まし、力強く支えてくれる友人、そして家族に感謝の意を表します。

2025 年 1 月

西條　結人

索引

あ

挨拶表現——75, 76

い

意見の陳述——42, 44, 45, 48, 49, 52, 54, 56, 57, 98

意見文——15, 27

え

エートス——4, 6, 20, 21, 32, 34, 63, 64, 65, 66, 69, 70, 71, 72, 74, 76, 78, 79, 80, 81, 82, 83, 84, 85, 88, 98, 99, 100

エートスと議論の型——4, 5, 6, 21

か

書き手の意見陳述——32, 42, 99

書き手の意見の陳述——58

加算的バイリンガル——26

き

基幹民族言語——10, 11, 12, 61

共通認識——34, 61, 85, 87, 94

キルギス——3

キルギス語教授学校——12, 13

キルギス語モノリンガル——30

キルギス語・ロシア語バイリンガル（キ

ルギス語優位）——30

キルギス語・ロシア語バイリンガル（ロ

シア語優位）——30

議論の型——6, 21, 33, 65, 69, 70, 71, 72, 74, 76, 78, 79, 81, 82, 83, 84, 85, 88, 99, 100

け

言語意識——10

言語使用——93, 95

言語的優位性——20

言論——16, 17, 18

こ

公用語——3, 89, 90, 91, 92

公用語法——90

個人的バイリンガリズム——9

国家語——3, 89, 90, 91, 92

国家語法——90, 92

し

事実・出来事の描写——32, 42, 58, 99

事実と意見の配置に基づく文章構造——4, 5, 6, 58

事実の報告——42, 44, 45, 48, 49, 52, 56, 57, 98

社会的バイリンガリズム——— 9

情動——— 16, 17, 18

序論——— 41

信頼性——— 16, 17, 18

せ

説得——— 1, 2, 14, 15, 20

説得的アピール——— 16, 18

説得のストラテジー——— 4, 5, 102

説得のレトリック——— 27, 28

先入観——— 60

た

ダイグロシア——— 11, 91, 92

対照修辞学——— 14

多言語使用——— 9

多言語多民族国家——— 3, 91

多文化共生——— 1, 2, 102

と

トポス——— 33

ね

ネガティブ・フェイス——— 1, 60, 86

ネガティブ・ポライトネス——— 86

は

配置——— 75

バイリンガル——— 2

ふ

フェイス侵害行為——— 59, 60, 86

文章——— 40

文章語——— 11

文章構造——— 15, 31

ほ

冒頭文——— 41, 45, 47, 49, 53, 54, 59

母語——— 29

ポジティブ・フェイス——— 60

ポジティブ・ポライトネス——— 86

ポライトネス——— 59

ポライトネス理論——— 59, 85

も

モノリンガル——— 2

よ

予告——— 46, 53, 54

り

立論形式——— 63, 66, 70, 73, 77, 80, 81, 82, 84, 85

リンガフランカ——— 10, 11, 19

ろ

ロゴス——— 33, 34

ロシア語教授学校——— 12, 13

ロシア語モノリンガル………30

論理構造………101, 102

....
著者
....

西條結人　さいじょう・ゆうと

略歴

1989年生まれ。徳島県出身。広島大学大学院教育学研究科博士課程後期文化教育開発専攻修了。博士（教育学）。専門分野は、日本語教育学、社会言語学。カラサエフ記念ビシケク人文大学東洋国際関係学部、四国大学全学共通教育センター等を経て、2023年4月より広島大学学術院（森戸国際高等教育学院）准教授。

主な論文

「説得を目的とした文章に関する対照修辞学研究の概観及び展望」（『教育学研究ジャーナル』24, 2019）、「同一社会文化を背景とするバイリンガルの文章構造の特徴―キルギス語とロシア語における意見文の比較―」（『西日本言語学会誌NIDABA』51, 2022）、「多言語社会キルギスにおけるモノリンガルとバイリンガルの説得の戦略―キルギス語とロシア語の意見文のエートスと議論の型―」（『広島大学大学院人間社会科学研究科紀要　教育学研究』5, 2024）

....

シリーズ言語学と言語教育　第**48**巻

モノリンガルとバイリンガルが混在する地域における説得研究

キルギス語とロシア語の文章に基づく言語使用の実際

Persuasion Studies in a Mixed Monolingual and Bilingual Society: Actual Language Use Based on Kyrgyz and Russian Texts
SAIJO Yuto

発行	2025年2月20日　初版1刷
定価	7000円+税
著者	© 西條結人
発行者	松本功
ブックデザイン	三好誠（ジャンボスペシャル）
印刷・製本所	日之出印刷株式会社
発行所	株式会社 ひつじ書房

〒112-0011 東京都文京区千石2-1-2 大和ビル2F

Tel 03-5319-4916　Fax 03-5319-4917

郵便振替 00120-8-142852

toiawase@hituzi.co.jp　https://www.hituzi.co.jp/

造本には充分注意しておりますが、落丁・乱丁などがございましたら、小社かお買上げ書店にておとりかえいたします。
ご意見、ご感想など、小社までお寄せ下されば幸いです。

ISBN978-4-8234-1271-4　C3080

Printed in Japan